大学生创业基础

刘 帆 ◎ 主编

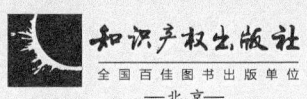
知识产权出版社
全国百佳图书出版单位
—北京—

图书在版编目（CIP）数据

大学生创业基础 / 刘帆主编. — 北京：知识产权出版社，2019.12
ISBN 978-7-5130-6631-0

Ⅰ.①大… Ⅱ.①刘… Ⅲ.①大学生—创业 Ⅳ.①G647.38

中国版本图书馆 CIP 数据核字（2019）第 265969 号

内容提要

本书旨在为那些有创业意愿或者正在创业的大学生提供创业指导，偏重实务操作和项目落地。本书通过"案例分析""专家访谈"等多种形式将案例植入，力求案例具有代表性突出、时效性好、说服力强等特点，增强培养创业者分析和解决实际创业问题的能力。本书可作为大学生创业的参考用书。

责任编辑：许　波　　　　　　　　　　　责任印制：孙婷婷

大学生创业基础
DAXUESHENG CHUANGYE JICHU

刘　帆　主编

出版发行：	知识产权出版社有限责任公司	网　　址：	http://www.ipph.cn
电　　话：	010-82004826		http://www.laichushu.com
社　　址：	北京市海淀区气象路 50 号院	邮　　编：	100081
责编电话：	010-82000860 转 8380	责编邮箱：	xubo@cnipr.com
发行电话：	010-82000860 转 8101	发行传真：	010-82000893
印　　刷：	北京九州迅驰传媒文化有限公司	经　　销：	各大网上书店、新华书店及相关专业书店
开　　本：	720mm×1000mm　1/16	印　　张：	15.75
版　　次：	2019 年 12 月第 1 版	印　　次：	2019 年 12 月第 1 次印刷
字　　数：	226 千字	定　　价：	68.00 元
ISBN 978-7-5130-6631-0			

出版权专有　侵权必究
如有印装质量问题，本社负责调换。

前　言

《大学生创业基础》旨在为那些有创业意愿或者正在创业的大学生提供创业指导，偏重实务操作和项目落地，该教材有以下三个特点。

特点1：主体内容以"PRIME"模型为框架，有机衔接"项目"（Project）、"资源"（Resource）、"市场"（Market）、"行业"（Industry）和"贝格收益"（Earnings）5大创业要素。该模型理论上有根有据，核心思想来源于互联网时代备受推崇的《商业模式新生代》《精益创业》《精益创业实战》等创业经典著作。

特点2：精品化内容设计，支撑创业者快速学习。教学主题以精品呈现内容，把握其中的知识点逻辑链条和优先顺序，阶梯化地分解课程体系。突破传统教材"章—节—目"的编写体例，根据"由易到难""由浅入深""由点到面"的学习规律，建立"知识地图"，帮助学生规划学习进度、匹配对应教学点。在主题选择上，从"重点""难点""疑点""兴趣点"切入，选点力求"小题大做"，效果力求"短小精悍"。

特点3：精选适用性强的创业案例，贴近创业实战要求。

本书的案例是体现《大学生创业基础》实践性特色的根本。基于创业行业趋势和大学生群体特点，从国内权威创业期刊（如《创业家》）和网站（如创业邦http：//www.cyzone.cn）收集案例，通过"案例分析""专家访

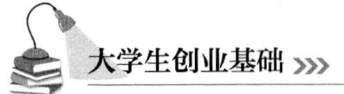

谈"等多种形式改编植入教材,力求案例代表性突出、时效性好、说服力强,增强培养创业者分析和解决实际创业问题的能力。

最后,由于作者水平所限,书中难免有疏漏和不足之处,恳请各位专家和读者批评指正,以期共同促进新常态背景下的创新创业。

目 录

模块 1　了解创业

主题 1　创业行为的特殊性 ·· 003
主题 2　创业的阶段过程 ·· 007
主题 3　创业浪潮 ·· 012
主题 4　创业决定 ·· 017

模块 2　创业者及创业团队

主题 1　创业者的能力结构 ·· 025
主题 2　选择创业合作伙伴 ·· 030
主题 3　股权结构设置 ·· 034
主题 4　创业团队冲突的影响因素 ·· 039

模块 3　创业项目

主题 1　创业机会的来源 ·· 047
主题 2　机会窗 ·· 051

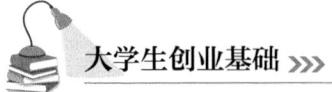

主题 3	关键业务	055
主题 4	产品定位	059
主题 5	价值主张	062
主题 6	品牌建设	066

模块 4　创业市场

主题 1	目标市场	073
主题 2	渠道定位	078
主题 3	4P 营销	082
主题 4	4C 营销	086

模块 5　创业资源

主题 1	资源整合	093
主题 2	创业所需资金的测算	096
主题 3	融资渠道选择	101
主题 4	选择投资人	106

模块 6　创业行业

主题 1	行业吸引力	113
主题 2	产业链分析	119

模块 7　创业财务

主题 1	收入来源	125
主题 2	支出的分类	130
主题 3	成本费用的计算和预测	135

模块 8　商业模式

主题 1　商业模式的构成要素 …………………………………………………… 141
主题 2　商业模式设计 …………………………………………………………… 155
主题 3　商业模式画布 …………………………………………………………… 165

模块 9　商业计划书

主题 1　商业计划书编写原则及技巧 …………………………………………… 171
主题 2　商业计划书展示 ………………………………………………………… 178

模块 10　创业风险

主题 1　风险的种类 ……………………………………………………………… 187
主题 2　风险分析 ………………………………………………………………… 190
主题 3　新创企业生存阶段的风险控制 ………………………………………… 195
主题 4　新创企业成长阶段的主要风险源 ……………………………………… 198

模块 11　商业沙盘模拟实训

主题 1　商业游戏模块Ⅰ：企业基本周期 ……………………………………… 205
主题 2　商业游戏模块Ⅱ：供给与需求 ………………………………………… 213
主题 3　商业游戏模块Ⅲ：赢得顾客 …………………………………………… 222
主题 4　商业游戏模块Ⅳ：应对多元化市场 …………………………………… 232

参考文献

模块 1
了解创业

模块内容

主题 1　创业行为的特殊性

主题 2　创业的阶段过程

主题 3　创业浪潮

主题 4　创业决定

主题1　创业行为的特殊性

> **学习目标**
>
> （1）了解创业的定义和创业活动的特殊性。
> （2）通过58同城的案例，更加深切地理解创业的内涵及挑战。

1. 主题解读

如果说创业行为有其特殊性，那么我们先来了解创业的相关定义。

创业是创业者不拘泥于当前的资源限制，整合资源去追求机会并最终创造价值的行为过程。创业至少有两层含义：一层是行为含义，主要指创业者及其团队为孕育、创建新企业或新事业而采取的行为；另一层是精神含义，主要指创业者及其团队在开展创业活动中所表现出来的综合素质。

与大企业的工商管理行为相比，创业活动有哪些特殊性呢？这表现在以下三个方面。

其一，创业行为高度依赖创始人及创业团队的能力

工商管理的研究对象主要是组织活动，大公司和相对规范的经营管理工作需要靠组织的力量进行。创业活动则不同，特别是在创业初期，成败更多要取决于创始人（或团队）的资源和能力。

其二，创业行为常常面临资源的限制和约束

大多数创业者都要经历"白手起家"的过程，如果创业初期就拥有丰富的资源，创业的动力就可能不足。其实，从地理资源环境看，创业活动活跃的地区往往不是资源丰富、交通便捷的地区。如创业活跃的温州恰恰资源匮乏、交通不便。

其三，创业行为是在高度不确定的环境中开展的商业活动

正是因为创业环境具有不确定性，才给敢于冒险的创业者提供了机会，获取意想不到的利润，所以创业行为常处于不确定的环境中。

2.【主题案例】58同城，神奇的创业

作为中国领先的生活服务类网站，58团队把"城市小广告"搬到了互联网上，实现了"从城市游商身上挣钱"这种看似不可能的事情。经过不断努力，2013年10月，58同城在美国成功上市。

现在人们更为关心的问题是：这个最终实现上市的网站，究竟有哪些可圈可点的神奇因素？

【案例分析】

结合前面提到的创业行为的特殊性，58同城的神奇因素主要体现在以下三个方面。

第一，姚劲波及其团队是事业发展的中流砥柱。

1999年，58同城创始人姚劲波毕业于中国海洋大学，获得计算机应用及化学双学位。2000年，他创办国内最大的域名交易及增值服务网站易域网，并于2000年九月被万网收购。2005年7月，姚劲波离开万网，创立58同城。同时，他还是2010年11月在美国上市的学大教育的联合创始人。应该说，姚劲波算是创业经验丰富的老兵，最为重要的是他做事果断并有决心，一旦确定方向，无论如何都要执行下去。

姚劲波深知事业要成功，团队很重要。他花情感、花力气去挖掘有经验的能人，并且给团队骨干成员高股份，善于放权，团结大家一起干。比如，2007年6月，姚劲波从赶集网找来陈小华，陈小华被称为"搜索引擎优化的骨灰级高手"，担任产品管理和网站运营的副总裁，陈小华也证明了自己的价值。通过投入之前三四倍的人力，用8个月的时间将58同城的流

量从 20 万提高到 100 万。这不仅拉大了 58 同城和赶集网的差距，还通过搜索引擎优化奠定了行业第一的位置。

第二，58 同城的创业行为在面临资源和能力约束的状况下，融资成为继续发展的关键。

成长性的互联网创业公司，创业之初就面临着不进则退的市场压力。资金压力持续存在，争取融资成为发展的不二法门，58 同城也不例外。最困难的 2008 年，姚劲波不得不从自己家里拿钱出来给员工发工资。截至 2013 年公司上市，58 同城经历 5 轮融资，融资额达 1.146 亿美元。其中，2006 年 2 月，获得软银赛富 250 万美元融资；2010 年 4 月，获得 DCM1000 万美元融资；2010 年 12 月，获得华平投资集团、DCM 和姚劲波 4500 万美元融资；2011 年 5 月，获得日本 Recruit210 万美元融资，2011 年年底，获得华平 5500 万美元融资。融资对外主要用来建立庞大的线下销售团队，对外则是广告支出。事实证明，58 同城在关键战略节点上的后发制人，让它能靠倒流量和广告战圈住更多用户，而用户最终认可这家公司，这与 3000 多名地面部队的持久耕耘密不可分。

第三，58 同城的每个发展阶段都面临过战略层面的高度不确定性。

说起来，58 同城至少有三次生死攸关的战略决定，对公司未来的影响可以用"一着不慎，满盘皆输"来形容。

其一，定位摸索。2006 年，公司面临定位选择，是走绿色、免费道路还是走烧钱、收费道路。权衡后，姚劲波选择了后者。姚劲波认为，"在中国，美国有的路其实是不成立的。比如，你相信有另外一个网站会在淘宝之下以低成本、免费这种方式活着吗？如果用大规模市场推广把海量的用户与信息都吸引过来，其他人是没有生存空间的。"事实证明，他的决策对了，目前 58 同城的市场份额占到 50% 以上。

其二，业务摸索。具体来说就是"线上不行的时候，要不要做线下业务来维持？"50 同城的答案是先维持，后放弃。

2005—2007 年，58 同城的线上业务还没有成熟，日用户访问量只有百万，在线业务几乎没有收入。为了吸引投资人，58 同城决定到线下创造收入。2007—2008年年中，通过发行直接邮递广告杂志的方式，58同城线下月营收达到200万元，占到了58同城公司收入的绝大部分，但线下业务投入很大，算下来基本是收支相抵。

该阶段，做线下业务也带来了新的不确定因素，比如，公司业务发展方向。据姚劲波回忆，"当一群没有媒体经验的人去讨论纸要涨价、要不要囤几十万元的纸的时候，我意识到这不是我们这些做互联网的人该讨论的话题。"之后，公司放弃了线下业务，聚焦线上，借助庞大的营销团队，收集城市游商信息，教会他们使用58同城，扩大公司注册的用户规模。

其三，竞争摸索。要不要靠烧钱跟赶集网拼广告？58同城选择的是用两倍于对手的投入进行广告大战，不给竞争对手任何机会。

2011年，在面对行业对手赶集网进行广告大战时，尽管心里一直打鼓，无法预知结果，但为了保证公司的行业地位，姚劲波在完成两轮融资后，毅然决定投入重金与赶集网进行广告战。最后的结果是，赶集网在广告战中难以为继、无法翻身，"一个神奇的网站"一战成名，58同城走入寻常百姓家，获取了大量的客户资源。当然，58同城为此付出了6700万美元的广告投入代价。

3. 小结

有人说，58同城是一家"土"公司，提供的租房、换锁、修马桶等服务远远算不上"阳春白雪"。然而，就是这样一家公司，竟然在中概股沉寂许久之后第一个敲响赴美上市的钟声，一夜之间，也让人们刮目相看这家"神奇的网站"。

58同城在面临资源和能力约束的条件下，融资成为持续发展的关键。在经过"业务定位""业务定位""竞争定位"三次关键时刻的探索，58同城凭借创始人及其团队的果断和坚定的决心，以及确定战略后的超强的执行力，成长为"本地生活服务平台"的行业老大。

主题2　创业的阶段过程

学习目标

（1）掌握创业过程所包含的六个环节。
（2）理解创业过程各个环节的基本内涵。

1. 主题解读

有人认为："创业就是找机会，有了机会一切就都水到渠成了。"
您是否认同这种观点呢？

其实，成功的创业应当是一个过程。机会的识别固然是这个过程中非常重要的环节，但并不能代表创业过程的全部。

创业过程通常包括以下六个主要环节：

产生创业动机；

识别创业机会；

整合有效资源；

创建新企业和新事业；

实现机会价值；

收获创业回报。

环节一：产生创业动机

创业动机是创业机会识别的前提，是创业的源动力。

一个人能否产生创业动机，进而成为创业者，主要受个人特质、创业机会和创业的机会成本这三方面因素的影响。

环节二：识别创业机会

识别创业机会是对可能成为创业机会的诸多事件的分析和创业预期结果的判断，是创业过程的核心。

识别创业机会包括发现机会和评价机会价值，为了识别机会，创业者不仅需要通过多交朋友、广泛交流来获取信息，还需要细心观察，从以往的工作和周边事物中发现问题、看到机会。例如，一位创业者可能在人口统计上的变化、消费者偏好的变化、一项新的公共政策或未被满足的需求中发现一个机会。

环节三：整合有效资源

资源是创业的基础条件，整合资源是创业者开发机会的重要手段。对创业者来说，整合资源往往更强调整合外部的资源，即把别人掌握的资源有效地用于实现自己的创业目标，如组建团队、创业融资、设计商业模式、制订创业计划等。

环节四：创建新企业或新事业

新企业的创建和新事业的诞生是创业者创业行为的直接标志。创建新企业有不少事情要做，包括公司制度设计、经营地址选择、企业注册、确定进入市场途径，等等。

环节五：实现机会价值

创业者整合资源、创建新企业的目的是实现机会价值，并通过实现机会价值来实现自己的创业目标，这是创业过程中的重要环节。创业者需要预见企业不同成长阶段可能面临的问题，并采取有效的措施予以防范和解决，同时不断地开发新的机会，把企业做活、做强、做大。

环节六：收获创业回报

对回报的正当追求是创业活动的目的，有助于强化创业者对事业的执着。创业是获取回报的手段和途径，但对回报的满意程度在很大程度上取决于创业者的创业动机。比如，在获得同等经济回报的前提下，以追求自我价值为目的的创业者获得的满意度，往往要低于以经济利益为目的的创业者。

也可以把这六个环节划归为机会识别、资源整合、创办新企业、新企业的生存和成长四个主要阶段。其中，产生创业动机、识别创业机会两个环节同属于机会识别阶段，而实现机会价值、收获创业回报则属于新企业生存和成长阶段。

2.【主题案例】阿里巴巴的创业历程

阿里巴巴集团由本为英语教师的中国互联网先锋马云于1999年带领其他17人在杭州创立，他希望将互联网发展成为普及的、安全可靠的工具，让大众受惠。阿里巴巴集团自成立以来，开展了领先的消费者电子商务、网上支付、B2B网上交易市场及云计算业务。集团以打造一个开放的、协同的、繁荣的电子商务生态系统为目标，旨在对消费者、商家及社会经济发展做出贡献。

【案例分析】

下面我们就一同来看一看阿里巴巴集团的缔造者——马云的创业之路。

马云的创业动机——对实现自我价值的追求。

马云对于自己的创业动机并没有真正提起过，但通过他的人生经历，我们并不难推断。马云曾两次高考落榜，做过搬运工，蹬过三轮、当过小贩，后来被某高校英语专业录取，毕业后成为了一名英语老师。从这些经历中，不难看出马云坚韧不拔的精神和不服输的个人品质。从他后来成为杭州十佳教师后却毅然辞职下海，并先后离开初具规模的中国黄页和中国国际电子商务中心（EDI），更可以看出他的创业动机中更多的是对实现自我价值的追求。

马云是如何识别创业机会的呢？

马云早期共有三次创业经历：第一次是1995年年初，他首次接触到互联网。随即，他萌生了一个想法："要做一个网站，把国内的企业资料收集起来放到网上向全世界发布。"于是，马云就此告别了教师岗位，东拼西凑了两万块钱，开办了"中国黄页"。第二次是马云受外经贸部（现更名为中华人民共和国商务部对外贸易司）邀请，组建中国国际电子商务中心。在此期间，马云最大的收获就是"用电子商务为中小企业服务"的思路逐渐成熟；第三次是在1999年，阿里巴巴的诞生使马云的成功走向了一个全新的高度。马云的创业机会识别首先是以实干为基础的，是通过不断的积累和扩宽眼界，并凭借个人的敏锐洞察力、思维、魄力及胆识，才最终打造出今日的"阿里巴巴电子商务帝国"。

阿里巴巴的成功得益于马云对资源的有效整合。

阿里巴巴创建之初，只有50万元创业资金，但马云还是花了1万美元从一个加拿大人手里购买了alibaba.com域名，并细心注册了alimama.com和alibaby.com两个域名。资金向来是创业的最大难题，但马云对投资的态度却极其谨慎。1999年8月，马云在拒绝了38家不符合自己要求的投资商之后，接受了以高盛基金为主的500万美元投资，又于2000年第一季度接受了软银的2000万美元投资。在获得资金支持后，马云开始整合团队，从中国香港和美国引进大量的外部人才，12个人的高管团队中除了马云自己，全部是来自海外的专业人士。

打造全新的事业，通过不断创新，实现全新的机会价值。

阿里巴巴的发展就是一部迅猛的创新史——"淘宝""诚信通""中国供应商""阿里软件""支付宝""阿里旺旺"等，每个产品都充满了创造性。特别是阿里巴巴独创的B2B模式，与雅虎门户网站模式、亚马逊B2C模式和eBay的C2C模式一起，被硅谷和互联网风险投资者称为"互联网的四种模式"。目前，庞大的阿里巴巴产业帝国仍在继续深化和拓展，以快人一步的步伐创新、前进……

马云的创业回报——投入的是认真，回报的是快乐。

马云曾在谈及生活和工作时称，他倡导的文化是"认真生活，快乐工作"。他说："对生活一定要认真，因为你不认真对待生活，生活也不会认真对待你。而对工作则不要太认真，因为太认真会缺乏创新和激情。工作一定要像玩儿一样,你才会每天向往去上班。否则你觉得是老板逼着你上班,为了收入才上班,一定很没意思。"不难发现,马云的创业回报更多的是得到一种精神上的满足,一种自我实现的快乐。马云的创业成功绝非偶然,而是智慧和勇气的结晶,是信心与实干的结果。如果你能像马云一样敢思、敢想、敢说、敢做、敢为天下先,那么相信你也一样能实现自己的创业梦想。

3. 小结

首先,创业动机是创业的源动力。识别创业机会是创业过程的核心。资源是创业的基础条件,整合资源是创业者开发机会的重要手段。新企业的创建和新事业的诞生是创业者创业行为的直接标志。创业者需要通过机会价值来实现自己的创业目标,机会价值是创业过程中的重要环节。收获创业回报,有助于强化创业者对事业的执着,但由于创业不同的动机,其对回报的满意程度也会有所差异。

这六个环节是所有新创企业要获得成功的必经之路,也可以进一步归为机会识别、资源整合、创办新企业、新企业生存和成长四个主要阶段。

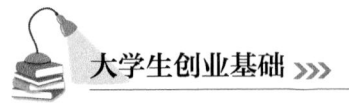

主题 3　创业浪潮

学习目标

（1）了解创业浪潮的发展历程。
（2）归纳出现创业浪潮的共性。

1. 主题解读

促成现代经济发展的因素有很多，但落脚点都离不开企业家精神。什么是企业家精神呢？企业家精神指企业家特殊能力的集合，是一个与愿景、变革和创造有关的动态过程。其中，企业家精神的灵魂是创新，企业家精神的天性是冒险，企业家精神的精华是合作，企业家精神的本色是执着，企业家精神的基石是诚信。实践证明，无论是在发达国家还是发展中国家，企业家精神都是经济发展的源动力。改革开放以来，中国创业浪潮此起彼伏，企业家精神得以迸发，这不仅推动了经济持续的高速增长，而且增强了国家的竞争优势。

2.【专家访谈】创业浪潮的历史更替

记者：小张

专家：刘老师

回头来看，我们已经经历三波创业浪潮，有专家说目前正兴起第四波创业浪潮。前三波创业浪潮有哪些特点？究竟是哪些因素促成了创业浪潮？

预判第四波创业浪潮兴起的理由何在?它又有哪些新的特点?

带着这些问题,记者小张采访了创业教育专家刘老师。

记者(小张):创业总是发生在特定的时空环境下,这决定了创业浪潮的不同类型和特点。那么,请教前三次创业浪潮在类型和特点方面有哪些不同?

专家(刘老师):第一波创业浪潮发生在 20 世纪 80 年代,创业的典型人群是社会相对边缘的人。"倒爷"就是其中的代表,他们引领了当时的中国创业潮。这话今天听起来,让人觉得振奋。但是,在当时,他们中有些是社会的"边缘人"。这波创业属于生存推动型创业为主,目的是满足生存和安全的基本需要;他们创业偏好的行业是与生活必需品相关的零售与批发行业,做大的并不多见;启动资金一般来源于家庭储蓄,少部分来自亲朋好友的借款。

第二波创业浪潮发生在 20 世纪 90 年代。当时的中国,盛行全民"下海"。据说,数万在国企或政府任职的国家干部,选择"下海"创业。这波创业属于关系驱动型创业。除了追求财务自由的普遍诉求外,创业者更多想通过创业实现人身价值。他们创业的企业经营范围比较广泛,多是"摸着石头过河",最终获得巨大利益的行业主要集中在房地产、煤矿和外贸领域。基于良好的人脉资源,他们的融资渠道比较多元化。早期渠道为家庭储蓄、亲朋好友的借款,成长阶段主要来源于银行贷款,不少企业最后还成了上市企业。

第三波创业浪潮开始于 20 世纪 90 年代后半期,延续到 21 世纪的第 1 个 10 年。这波创业浪潮离不开互联网,通过风险投资和股票股权让更多主题共同参与创业过程。公司一旦上市,创业元老很快成为富翁。这波创业与前两次创业有很大的不同,属于机会推动型创业,主要参与者是那些受过良好教育的海归和大学生。创业的动机不是因为找不到工作,更多是追求人生成功的商业机会。以百度、腾讯和阿里巴巴为代表,这批企业的启动资金大多来源于合伙人出资,注重引进风险投资商来实现短时间的高速

增长，然后尽早完成企业上市。

记者（小张）：刚才你从"创业者""创业动机""创业行业"及"融资渠道"四方面区分了前三次创业浪潮的不同特点。如果追根溯源，请教究竟是哪些因素激发了创业浪潮的发生？

专家（刘老师）：创业浪潮，作为一种集体性行为，跟有利的创业宏观环境高度相关。其中，最为显性的两点是"市场在资源配置方面的作用半径越来越大"和"创业促进政策的密集出台"。

第一波创业浪潮发生在"计划与市场"相互结合、市场经济渐成主导的阶段。那时候，中国整体经济亟需发展，国家出台了大力发展外资经济，允许私营经济获得适度发展的政策。

第二波创业浪潮发生在1992年中国共产党第十四次代表大会后，市场经济成为社会主义经济体制改革的基本方向，使"市场经济在资源配置中起基础性作用"；主张"公有制经济和非公有经济都是社会主义市场经济的重要组成部分"，大力发展民营经济，使其成为中国经济发展的新生力量。

第三波创业浪潮发生在中国加入世界贸易组织（WTO）后。2001年，中国正式加入WTO，创业赢得了前所未有的难得机遇和空间。市场经济体制改革成为不可逆转的国际承诺，与国际接轨的中小企业发展促进政策相继出台。

记者（小张）：前三次创业浪潮已成历史。立足当前，你认为第四波创业浪潮是否到来？如果已经到来，它具有哪些新的特点？

专家（刘老师）：中国共产党十八届三中全会确定了"市场在资源配置当中发挥决定性的作用"。它已经不是一句简单的口号，本届政府密集出台了系列"简政放权"的效能政策，如新公司法对于注册资金的修订，实缴制变为认缴制，大幅度降低了设立公司的门槛，同时鼓励创业的社会氛围日渐浓厚，这些都预示着第四波创业浪潮即将到来。

第四波创业浪潮仍然属于机会拉动型创业，但带有明显的国际化和创新驱动的特点。那些受过良好教育，具有国际视野的创新人才将成为创业的中坚力量。

创新工场董事长李开复断言，"移动互联网领域机会无限"。理由是，"在乔布斯时代之前，移动互联网是非常枯燥的，2007年iPhone的到来使这一切彻底改变"。互联网接触到新闻，就改变了传统媒体。互联网接触到商业，电子商务就改变了传统商务。现在，互联网接触到了移动，它又将带来彻底的改变。目前，苹果和安卓就是一个开放的平台，移动应用使人人都有创业机会。

不仅如此，创业成本降到了历史的新低。这波创业和以前不一样了，借助互联网可以便捷地开展产品实验，继而小步试错，快速迭代，实现精益创业❶。拿移动互联网项目来讲，采用云计算，就不需要购买服务器和带宽；采用开源软件，就大大节省了工程师成本；推销不需要耗费巨大的渠道费用，直接经过搜索社交引擎推广。所有这些加起来，会大幅度降低创业的前期投入。当然，创业做到一定规模，将面临着更为强劲的竞争对手和后来者。要保持先发优势，就必须在较短的时间内拓展市场份额，这离不开那些风险资本的支持。

3. 小结

创业浪潮是企业家精神的集体体现。第一波浪潮的主要创业者是社会相对边缘的人，属于生存推动型创业，从事领域主要在批发和零售行业；第二波浪潮属于关系驱动型创业，从事领域主要在资源依赖型行业；第三波浪潮的主要创业者是受过良好教育的海归和大学生，属于机会拉动型创业，从事领域主要在互联网行业；第四波创业者将是那些受过良好教育、具有国际化视野的创新人才，属于创新驱动型创业，从事领域主要在移动互联网行业。

---

❶ Lean Startup，由硅谷创业家 Eric Rise 2012年8月首次提出，其核心思想是，先在市场投入一个极其简单的原型产品，然后通过不断的学习和有价值的用户反馈，对产品进行快速迭代优化，以期使用市场。

总之，不同的时空背景决定了历次创业浪潮各有千秋。时移势易，我们高兴地见证创业环境整体上越来越有利于企业家精神的迸发。这体现在市场在资源配置中发挥作用的半径越来越大、创业优惠政策越来越多、创业融资渠道越来越多元，以及创业门槛越来越低。反过来讲，这也意味着创业竞争将越来越激烈，对创业者素质的要求也将越来越高。

主题 4　创业决定

【学习目标】

（1）了解促使一个人做出创业决定的影响因素。
（2）理性作出创业决定。

1. 主题解读

大多数人心里都怀揣创业梦想，但很少有人做出创业决定。那么，究竟有哪些因素促使一个人做出创业决定呢？一些研究表明，改变现状、可信的榜样和具备创业者的能力是非常关键的要素。除此之外，可以利用的外部环境也是必不可少的。然而，很多人并没有因为拥有一个好工作而放弃创业梦想，而是在积累了很多工作经验后依然选择了创业道路。据调查，参加科技部 2014 年《中国创新创业大赛》的技术创业者中，创业前没有职业经验的仅为 9.3%，拥有企业雇员经验的比例高达 70.89%。相对于那些没有工作经验的创业者来说，工作中积累的创业能力使创业者创业选择更为理性，一定程度上有助于提高创业成功的概率。

2.【创业访谈】离开大公司，归零去创业

【角色】辞职创业者：吴老师和龚老师
　　　　投资专家：查老师
　　　　主持人：刘某

（1）创业人物。

吴老师，花在开网创始人兼CEO，曾服务于百事可乐、明基等公司。花在开网创立于2012年4月。这家网络花店面向中高端消费群，每天从全球种植园将精品鲜花空运到配送中心，经由花艺师的精美设计，送达消费者手中。公司称"传递快乐的艺术"是其品牌主张。目前，客户都是通过口碑而来，八成客户会进行第二次消费。

龚老师，星点网创始人兼CTO，创业前服务于网易、掌上灵通等公司。星点网创立于2009年10月，公司的主要业务是服务类商家提供全方位线上营销服务，为普通消费者提供便捷实惠的线上购买和线下消费渠道。公司称已进入数十家生活服务类商家，包括连锁品牌。

（2）创业互动问题。

主持人：什么原因促使你离开大公司安稳的工作去创业？

吴老师：女孩子都有过开花店的梦想，我在工作之余做了调研，发现发达国家的鲜花消耗量巨大，而中国还没有一个网络鲜花品牌，所以就相信自己的直觉，毫不犹豫离开稳定的大公司平台去自己创业。

龚老师：我创办过一个个人网站，被评为1999年最佳个人网站，后被收购。十年来，我一直在寻找和等待再次创业的机会。2009年8月，我在掌上灵通时的副总裁辛卫民找到我谈创业想法，我们一拍即合，就一起创业了。

主持人：你曾经在大公司工作，这些经验对你创业有帮助吗？

吴老师：我大学毕业进入一家全球500强公司做管理培训生，到不同部门轮岗。公司标准化的管理流程能够通过全球的网络保证落实到每个城市不变样，整个内部体系各个岗位就好像自动化流水线上的零部件，井然有序，紧密配合。这段经历使我受益匪浅，我相信一定能将其运用到我的创业企业中去。随着规模扩大，它的作用会日渐明显。

模块1　了解创业

龚老师：大公司的工作经历对我创业有不少帮助，如在大公司培养和锻炼出来的职业素养，大公司的流程和规范，跨部门协作等；大公司管理往往非常细腻，比如员工如何撰写工作邮件，包括抄送给谁、如何保存等都有规范，创业公司很少能做到这样。

主持人：创业公司和大公司的管理有什么本质的差别？

吴老师：创业公司管理需要花更多时间寻找人才，激发人才的主动性，打破常规的思维和挑战自己的极限；而大公司员工从事的都是执行层面的工作。

龚老师：创业公司的管理要比大公司灵活，而且需要更加人性化的管理。创业公司的优势是小而快，很多事情可以快速反应、快速解决。如果创业公司像大公司一样，制定烦琐的流程，必然降低效率，增加成本，无法适应快速发展的要求。

主持人：与"草根"创业者相比，大公司高管出来创业有哪些优势和弱势？

吴老师：大企业出来的人视野可能相对比较开阔，弱势在于以前服务的企业都很大，缺少将一家公司从零做起的经验。而一些没有大公司经历的创业者，没有经验也就没有包袱，往往上手很快。

龚老师：大公司高管见多识广，积累了不少优质的资源和人脉，他们创业可能起点很高，但是也很可能缺乏"草根"气质，不善于野蛮生长。另外，在中国的创业环境中，还需要一些江湖义气，对于团结队伍有利，大公司高管在这方面比较缺乏。

主持人5：你觉得从大企业出来创业需要有什么样的准备？

吴老师：归零的心态。

龚老师：很多大公司出来的人，在曾经的岗位上非常优秀，以为自己创业成功是自然而然的，其实不然。在大公司里做得优秀，其实是有整个

公司系统的支持，并非一人之功。创业环境下，任何事情都要由自己来做，困难和问题是前所未有的，所以要做好充分的心理准备！

主持人6：你创业至今学到最深刻的一课是什么？

吴老师：遇到不合适的员工应该尽早让他离开，否则对他自己的未来发展不利。离职沟通是很重要的环节，我相信没有差员工，只有不适合的员工。

龚老师：最深的一课是用人。我们曾满怀期望招聘了一名销售人员，他在履历中说自己曾经在中国最著名的电子商务公司中工作8年，但是两个月时间里，他没有签到任何单子，所以我们按照劳动法规定和他结束合作，结算薪酬。但此人在办公室里大吵大闹，胡搅蛮缠地索要补偿，没有任何曾在大公司工作的职业素养可言。所以在今后用人方面，一定要慎之又慎，特别是一些关键岗位，对应聘者的职业经历要做详细调查，可能的话，尽量通过同事和朋友介绍来招人。

主持人7：你愿意对新上路的创业者说些什么？

吴老师：不要刚开始就铺很大的摊子，快速试错很重要。同时，多把自己的想法和朋友分享，广泛听取大家的意见。

龚老师：一旦走上创业这条路，什么事情就要完全靠自己。自己要做技术、销售、行政……没人能帮你，你不但要为自己负责，也要为员工、为家人负责，要坚持住，不要停下来。

主持人：听完两位创业者的创业感悟，你对他们有什么评价和建议？

查老师：花在开和星点网都是靠谱的生意，而且创业团队都曾在大公司平台上积累了开发和管理经验，所以他们各自的创业项目一上手就像模像样，令人眼睛一亮。但是，应当看到，无论卖花还是投递打折券，都并非一片蓝海，竞争对手比比皆是。想要在市场脱颖而出，比的是功力和智慧。虽然两个团队有很强的高管背景，但在成功到来之前，谁也不能打保票，一切要看结果。建议：①用服务品质打造口碑；②把"精细"和"精准"作为团队执行的核心；③务必磨练商业模式，打动优秀的投资人，比竞争对手找到更多资本去支撑快速和持续的发展，融资也是竞争力。

主持人： *谢谢。*

3. 小结

很多人都梦寐以求在大公司里谋得一份安稳的工作，也有人端着大公司的"金饭碗"不满足，偏偏要辞职去创业。对于这些白领高管，创业意味着更大代价的一次命运冒险，不仅要放弃已经到手的高薪、有保障的生活，以及平稳的职业轨迹，而且要降低身份，从零开始。

从大公司出来创业的人，往往在大公司平台上积累了丰富的知识和经验，但是这些并不一定能天衣无缝地嫁接到创业公司。很多在大公司里从来都不是问题的问题，在创业公司里都可能变成死结，如品牌、管理体系、资源、资金等。

因此，离开大公司去创业，意味着一切从头开始，尤其需要归零的自我挑战心态。

模块 2
创业者及创业团队

模块内容

主题 1　创业者的能力结构

主题 2　选择创业合作伙伴

主题 3　股权结构设置

主题 4　创业团队冲突的影响因素

主题1 创业者的能力结构

> **学习目标**
> （1）了解创业者的能力结构。
> （2）了解"enterprise"特质模型和"10D"特质模型。

1. 主题解读

创业者就是创造性地将商业机会转变为经济实体，并扮演经济实体中组织、管理、控制、协调等关键角色的个人。成功的创业者的需要包括三个方面因素，即知识、技能和特质。那么，什么是知识、技能和特质呢？

知识是由一系列能够在适当的时候回忆起来的信息储备组成的。比如，商业知识泛指市场、行业、消费者、财务、营销等。

技能是指能够应用知识的能力，不仅指技术技能，还指管理技能。前者如工程、计算、机械、餐饮等；后者如销售、记账、招聘等。

特质是创业者特有的个人性格和品质。成功的创业者富有事业心和进取精神，任何时候都能够以积极的态度面对和处理创业中遇到的挑战和问题。

事实上，除了传统的学校学习外，创业者更多是通过"干中学、学中干"来获取知识、增长技能和磨练性格。同时，还应看到，不同阶段的企业，创业者的知识、技能和特质的重要程度并不一样。一般来讲，初创阶段的企业，创业者的技能是特别关键的；成长成熟阶段的企业，创业者的管理是至关重要的，而这与创始人的特质高度相关。

下面是关于特质描述的"enterprise"模型和"10D"模型。

（1）"enterprise"特质模型。

具有事业心和进取精神，常常具备下列特质。这些特质的英文首字母构成了"enterprise"一词，因此被称为"enterprise"特质模型。

① 精力（energy）。创业过程中，努力工作（当然，要用聪明的方式工作）是至关重要的。为了成功地实现计划，为面临的挑战和问题寻找解决办法，必须付出大量的体力和脑力活动。要保持旺盛的精力，需要刺激大脑及各感觉器官——视觉、听觉、触觉、嗅觉和味觉，让它们始终保持敏锐，以保证在任何情况下都能确切地知道应该做什么。

② 需要完成（need to achieve）。要有获得成功的欲望和完成任务的决心。无论做什么事情，积极的态度和对任务的把握都有利于取得比较满意的结果。它会使你比一般人工作更加努力。

③ 任务导向（task oriented）。应该相信只有很好地执行并按时完成任务，才会获得满意的回报。要想顺利完成任务，必须注意工作效率，并且要做好对时间的管理。对结果的关注有助于把精力集中在要做的事情上。

④ 换位思考（empathy）。要能够进行换位思考，体会他人的感觉。善于站在他人的立场上思考分析问题。如果身在企业，就要善于体会潜在顾客的感觉和想法。

⑤ 富有资源（resourcefulness）。要善于把握问题，动员并有效利用完成任务所必需的各类资源。这在任何事业中都是非常重要的。

⑥ 计划（planning）。有必要做一个书面的计划，回答诸如为什么开展这项事业、需要做什么事情、如何做、谁来做、何时完成等问题，以便把握事业的整体。这样做有助于进一步明确形势，做出是否开展该项事业的决策。企业能否有利润，是否有可能亏损，都要通过计划才能知道。

⑦ 承担风险（risk-taking）。每个组织都一定会暴露在某种程度的风险中，或有可能无法取得想要的成果。因此，创业者在了解风险的潜在程度和发生的可能性的基础上，应学会承担风险。

无论干什么事情，开展什么活动，都必须做相应的决策。有事业心和进取精神的人会在调查研究之后做出决策,因此他们通常会取得最后的成功并得到回报。这是你要走的第一步。它是是否具有进取心的标志。

⑧ 创新(innovation)。创新能力是具有进取精神者的另一个特点,它会让人另辟蹊径。无论身处何种环境,通过个人的主动性、想象力、直觉和洞察力,总能够改变一些事情,也总是能够找出做事的方法。信息是创新的基础。有事业心和进取精神的人都非常重视各类信息,对信息非常敏感,并擅长进行信息搜集、整理和研究工作。

⑨ 技能(skills)。具有事业心和进取精神的人都有执行并完成任务的知识和技能。人们一般都有一定量的知识、观点和实际技能,这些都是顺利实现一项任务所必需的。要善于评估自己的才能和技能水平,并分析怎样才能更好地将它们应用于工作之中。应该充分利用自己的才干和技能,否则它们就只能被遗忘并白白浪费掉。

⑩ 坚持(endurance)。开创一项事业会面临许许多多的困难和挑战。女性更会面临一些特殊的挑战,其中不乏负面和消极的挑战。面对前进道路上的诸多挑战,为了完成事业并获得所期望的回报,做到持之以恒和坚持不懈是非常关键的。

(2)"10D"特质模型。

百森商学院创业研究中心主任威廉·拜葛雷夫(William D.Bygrave)的研究认为,企业家具有下列特质——"10 个 D"。

① 梦想家(Dreamer)。企业家对自己、组织及社会都有一个憧憬的未来。更重要的是,他们都有能力去完成它。

② 决策力(Decisiveness)。企业家绝对不拖泥带水,由于他们会很快地下决定,因此这种果断的作为方式将是他们日后成功的重要因素。

③ 实干家(Doers)。一旦企业家决定了行动方案,他们便会尽快地完成,并且在行动中随时调整。

④ 决心(Determination)。企业家会完成其承诺,即使遭遇到一些瓶颈和障碍,也不轻言放弃。

⑤ 奉献(Dedication)。企业家会完全地投入自身的创业冒险之旅中,

并且维持与朋友和家庭的适当关系，同时还能不遗余力地工作。他们开始一项工作后，常常夜以继日，不辞辛劳。

⑥ 专注（Devotion）。企业家会慎重选择创业项目，一旦决定，他们会聚焦力量，做到极致。

⑦ 细节（Details）。有人说："魔鬼都藏在细节里。"在创立和推动一项新事业时，企业家更注重细节，正所谓"细节决定成败"。

⑧ 主导命运（Destiny）。企业家能够主导命运，并且不会怨天尤人，而是积极主动寻求突破。

⑨ 金钱（Dollars）。没有钱是万万不能的，对于企业家创业更是如此。他们了解金钱对于事业的重要性，善于整合资源实现财富积累。

⑩ 分配（Distribution）。企业家懂得授权，信任对其事业成功非常关键的股东；通过激励机制，调动员工的主人翁精神。

2.【主题案例】"大学生开公司9天宣布破产"

23岁的舒某从西安某大学电子信息专业毕业，起初就职于一家事业单位，他认为该工作简单琐碎，毅然辞职，决定创业。一次偶然的机会，舒某见到有人销售一种不用电池的环保手电，他如获至宝，赶紧和厂家联系要求加盟代理该产品。在他的再三恳求下，对方答应如果一次进货3万元以上便授权他做陕西总代理。说干就干，舒某召集了7位有意愿的同学和朋友合伙干，多方筹集款5万元，其中有2.5万是承诺一个月后还4万元的高利贷，其他合伙人共拿出2万多元。初始资金到位后，舒某认为，"成立公司就得有个公司的样子"。他装修办公室，购置办公用品，花费近1万元。没想到的是，公司成立的准备工作还没就绪，借款人提前催款，并搬走了他大部分办公用品。他无奈之下求助银行贷款，但因没有资产抵押及担保而被拒绝。结果，公司还没注册成功，开业第9天即无奈宣布破产。

【问题】 舒某认为他的创业失败是必然的,为什么?

初创小企业的成功,离不开相应的知识和技能的储备。应该说,舒某缺少该公司顺利运作所需的专业知识和实践技能,主要表现在以下四个方面。第一,手电项目竞争激烈,是盈利空间相当有限的传统项目。这类传统项目市场基本饱和,市场规模成长性十分有限,市场上供给商早已布局完毕,几乎没有可持续盈利的市场缝隙。尽管有"环保+节能"的特色属性,但仍然摆脱不了"照明"的品类属性,这类产品随着电力的普及早就明日黄花了。第二,团队组建极不合理。一般来讲,创始团队要建立在"价值观一致""技能互补""人数合理"的原则上。反观舒某的团队,基本是"拉郎配"式的出资团队,技能上看不出互补的空间。同时,7人的规模对该团队而言,很难形成凝聚力,提升团队效率。因此,碰到问题"窝里斗",各自劳燕分飞也就不足为奇了。第三,缺乏应有的社会经验。比如,通过高利贷筹集初始资金。这除了说明舒某创业心急外,更是因为他对项目收益过分乐观,对借贷风险估计不足。第四,资源配置不当。小公司资源有限,"钱要花在刀刃上",除必须的消耗性支出外,应把资金投入产品和市场方面。舒某却用来添置办公设备,摆阔气、讲排场,殊不知真正的阔气是摆不出来的,排场不是讲出来的,结果导致现金很快耗完,公司还没成立创业就失败了。

3. 小结

创业是个修炼的过程,创业者要通过各种途径来积累知识、提升技能和磨练特质。在知识经济时代,如果没有知识,创业则无从谈起。那些成功的创业故事启示我们:创小业,技能是不可或缺的;创大业,人格特质举足轻重。

主题 2　选择创业合作伙伴

> **学习目标**
>
> （1）了解选择创业合作伙伴的原则。
> （2）掌握根据原则来选择创业伙伴的基本技能。

1. 主题解读

创业的成功除了天时和地利，最为核心的是人和。组建好的创业团队是成功的关键。那么如何选择创业合作伙伴呢？

创业者在进行准确自我评估的基础上，要根据创业需要选择合作伙伴，组建团队。选择合作伙伴时要考虑成员之间的匹配情况，一般遵循如下几个原则。

（1）相似性原则。

心理研究发现，当其他人在多个方面与自己具有相似性时，人们会感到舒服，也趋向于喜欢那些人，这就是"相似性导致喜欢"规则。这样容易促进彼此了解和沟通，有助于良好人际关系的建立。

（2）互补性原则。

组建团队时，要考虑成员之间在知识、技术、能力、经验、信息、思维方式、行事风格等方面的互补，尽量保证团队成员的异质性，为企业提供多样化的人力资本。这样更有利于充分发挥个人优势，强化团队成员之间的合作，形成强大的团队合力。

(3)共同价值观原则。

价值观决定创业的性质和宗旨,决定创业的目标和行为准则,指导团队成员如何工作和如何取得成功。当团队成员的个人追求与企业追求一致时,也就是对企业文化认可时,个人就会融入团队中,增强团队的凝聚力。如果团队成员缺乏共同理念,就很容易导致个人主义的竞争和角逐,最终导致创业的失败。

2.【主题案例】QQ之父马化腾和他的创业团队

在中国,几乎每台电脑桌面上都会有一只憨态可掬的小企鹅——QQ。这只小企鹅在十几年间彻底改变了国人的沟通方式,让海角天涯变咫尺。QQ之父马化腾掌管的腾讯已成为中国最大网络实时通信运营商和中国市值最高的互联网公司,创造了中国互联网的经典神话。"QQ帝国"的5位元老组成的创业团队也被认为是创业团队的成功典范。

现在,让我们一起走进QQ之父马化腾和他的创业团队。

【案例分析】

上面我们学习了"选择创业合作伙伴的基本原则",让我们来具体分析QQ之父马化腾是如何选择他的创业搭档,打造成功创业团队的。

(1)相似的背景和良好的私人关系,让他们走到一起,不离不弃。

1998年,马化腾和他的同学张志东合伙创立深圳腾讯计算机系统有限公司,之后又吸纳了三位股东:曾李青、许晨晔、陈一丹,形成了腾讯的五人创始团队。这五人中,除陈一丹外,其他人都是计算机专业出身。这充分说明,相同的专业背景决定了他们有相似的从业经验;相似的教育和从业背景,又使他们更容易合作。事实上,这五人创始团队多年来一直保持着创业初的合作阵形,不离不弃。虽然2007年曾李青离开了腾讯,但他至今依然是腾讯的终身顾问。

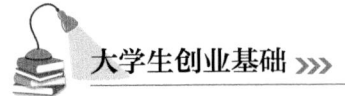

（2）不同的个人素质让他们各展所长、各管一摊，形成合理组合。

要保持创始团队的稳定合作，一个关键因素就在于搭档之间的合理组合。马化腾和他的四个合作伙伴都是多年的同学朋友，对彼此特长知根知底。在创立之初，他就和四个伙伴约定清楚：各展所长、各管一摊。

根据每个人的能力、专长和喜好，他们进行了如下分工：技术出身的马化腾对产品有战略眼光，有良好的定力，担任首席执行官（CEO）。他低调内敛、温和务实，善于化繁为简，对用户体验的专注，也使他成为腾讯内部的首席体验官。他会亲自试用所有产品或服务，并提出具体建议。

张志东是个技术天才，担任首席技术官（CTO）再合适不过。从大学时代他就是计算机技术的顶尖高手，即便放到深圳整个计算机发烧友圈子里也是翘楚人物。张志东是个工作狂人，做事追求完美，全面负责专有技术的开发是物尽其用。

性格随和的许晨晔是有名的"好好先生"，是担任首席信息官（CIO）的好材料。他性格温和、亲和力强，善于与人沟通，不轻易表达个人观点，做决策会充分考虑其他人的看法，是团队中的"润滑剂"。他的主要职责是全面负责网站财产和社区、客户关系及公共关系的策略规划和发展工作。

拥有经济法学硕士学位和律师执照的陈一丹精通法律事务，担任首席行政官（CAO）。他做事严谨、个性张扬，能激起大家的激情。在腾讯，马化腾是产品和技术的佼佼者，会有很多新的点子和策略，而陈一丹总能很快领会，并从专业角度提醒实践中应注意哪些问题，涉及哪些法律。作为首席行政官，他全面负责本集团行政、法律人力资源以及公益慈善基金事宜，也负责本集团的管理机制、知识产权及政府关系。

曾李青是个市场奇才，担任首席运营官（COO），全面负责腾讯集团业务范围及产品种类，同时管理全国各市场推广工作。他在2007年获得中欧国际工商学院高级工商管理硕士学位，是在公司创办一个月后，第一位加入团队的人。他的加入，使马化腾和张志东的纯技术组合有了更多面向市场、面向用户的可能。

这五个人既交织着共同的价值观，又有着明显不同的主导性格。马化腾用他的高超智慧将另外四个性格各异的人团结起来，合理分工，各展所长。因此，马化腾的创业成功了，腾讯QQ的创业成功了。

（3）良好的企业文化保证了创业团队的稳定和公司的发展。

互联网行业变化莫测，而马化腾的创业团队能够多年保持稳定，保持快速稳健发展的根基正在于企业文化。

腾讯文化的外向内核："一切以用户价值为依归"，从用户的需求出发，重视用户的体验，满足用户的期望。而在腾讯内部，也流传着一个"10∶100∶1000"法则，即产品经理每个月必须做10个用户调查，关注100个用户博客，收集反馈1000个用户体验。陈一丹认为，"一切以用户价值为依归"的经营理念，已深入腾讯人心，是腾讯人的传家宝，也是"腾讯之道"。

腾讯文化的内向精神："让公司更像一个家"，大家如同一家人，彼此之间不是简单的雇佣关系，而是互相关爱、共同进步，以一致的理念、价值观共同做好一件事情。马化腾在创立腾讯之初，为了避免日后出现垄断、独裁的局面，他自愿把所占的股份降到一半以下。如此设计，使创始团队能在维持张力的同时保持和谐。没有人能够独断，保证了讨论沟通的空间。这种大家庭氛围也塑造了腾讯的开放、民主、创新的文化，使大家有好的心态，踏实干活，把事情做好，保持了腾讯的凝聚力。

3. 小结

组建一支优秀的创业团队往往不是一蹴而就的事情，需要随着时间的推移和企业的发展逐步完善。当然，创业团队不是一成不变的，也会随着企业的发展变化而进行调整和完善，但凝聚团队的关键依然是共同的价值观主导下的企业文化。

马化腾无疑是成功的，腾讯无疑是成功的，这都要归功于有一个成功的创业团队。而成功的创业团队，无疑要尽力遵循之前的三原则：相似性原则、互补性原则、共同价值观原则。

主题 3　股权结构设置

> **学习目标**
>
> 掌握股权结构设置的基本原则。

1. 主题解读

股权是基于股东地位对公司主张的权利，与股票比例相对应，不仅拥有相应的权益，而且承担对等的责任。股权结构是指公司总股本中，不同来源的股份所占的比例及其相互关系。股权结构是公司治理结构的基础，公司治理结构则是股权结构的具体运行形式。不同的股权结构决定了不同的企业组织形式，从而决定了不同的企业治理结构，最终决定了企业的行为和绩效。

2.【访谈主题】公司控制权保护

主持人：刘老师

法律专家：张律师

引言：公司控制权保护是创业者高度关注的重要问题，事关公司的治理结构，甚至左右公司的决策。创业中，不少创业者因为不了解公司控制权保护，致使股权结构设计不合理，轻则影响了创业的绩效，重则丧失公司的控制权。为了帮助创业者更好地理解早期阶段的合伙人股权设置，以及融资过程中与投资人的股权分配等事项，我们特别邀请了该领域的资深法律专家张律师,来为大家详细解读。

主持人(刘老师):这里有一则案例,内容大致是这样的:小 A 在化妆品行业"潜水"多年,对这个行业的门道摸得一清二楚。现在,他准备与四个朋友一起创业,做一个化妆品的电商品牌。这五个创业伙伴里面,小 A 和两个朋友是全职工作,另外一个朋友打算兼职,过一段时间再全职加入,还有一个朋友只出资金。小 A 志向远大,对自己这次创业信心十足。但他现在苦恼的是,公司的股权结构怎么设置?请教张律师,您有哪些好的建议,为小 A 支支招。

专家(张律师):初创企业股权设置需要遵循三个基本原则。

首先,股权结构不宜平均化。一些初创企业比较普遍的问题是股权结构平均化,几个哥们儿出来创业,大家股权平均。但是企业发展了一段时间之后,大家的贡献可能不一样,这个时候平均股权就会带来一些问题。在中国,能够做起来的公司大多是一股独大。比较理想的模式是这样的,有一个大股东,是决策的中心;另外搭配几个占股 10 个点或 8 个点的小股东。这样的话,小股东有话语权,可以提提不同意见,唱唱反调,同时不妨碍大股东拥有最后拍板权。

另外,在中国境内上市,证监会要求有一个大股东的持股比例不低于 20%。一个创始团队从开始创立到最后上市,之前要经过两到三轮融资,股份稀释将达到 40%,因此大股东股份比例最好不要低于 50%。

其次,股权分配利益结构要合理,贡献要正相关。创业期的公司一般都是有限责任公司。出资形式可以是现金、实物、知识产权等。现金以外出资需评估或者大家协商一下,按价值设定股权比例。也就是说,可从现金、工作能力、贡献大小三个层面来划分股权比例,基本的原则是股权只发给不可被替代的人,该拿大股的应该拿最大的股份,不该拿股份的人就不应该有股份,如销售型公司。负责销售的创始人占股份多一些;产品型公司,负责研发的创始人就占得多一些。合伙人开始不在公司工作的,大家评估他的贡献,给他一定的股权,原则上一般不宜过多。他们往往都是资源型的，创业初期特别重要，但是公司发展到一定阶段，重要性就会降低。如果他拿的股份太多，将来会变成一个障碍。只出资金的合伙人更多是民间债权人或天使投资人，可以权衡是给股权还是还本付息，或者两者结合；考虑到企业未来的高成长性，基本原则是宁给债权不给股权。

最后，设立防冲突机制。对于股权分散的企业，建议先做好股权集中，同时设立防冲突机制。现在通行的做法就是大家签订一个共同发起公司的协议书。把各自的权利、义务包括发生纠纷的解决办法，全部白纸黑字约定清楚。比如，某个股东因为一定的原因必须离开公司，那他的股权就应该收回来，要详细约定收回的时间、方式和价格。实践中，创业早期很难确定股权怎么分配，建议合伙人先有一些大体的分配，核心创业成员做一些代持股份，等到大家比较熟悉相关情况后，再根据事前约定做调整。

主持人（刘老师）： 一般来讲，股权形成来源于"传统投资"和"创投模式"两种方式。"传统投资"模式我们可以理解为股东出钱，按现有公司出资比例持股，以获得公司分红为目的，创始人控制权受投资人占股比例影响；"创投模式"是投资人出大钱占小股，以公司股票巨额增值溢价转让为目的，公司创始人仍然是公司大股东，对公司具有控制权。对于成长潜力巨大的创业公司而言，创投模式是必经之路。由于投资人的加入，如果创始人丧失公司的控制权，受到损害的是创业者和投资人双方。那么，如何保护创始人对公司的控制权呢？

专家（张律师）： 这里涉及三个问题：初始股权结构的设计、融资过程中的股权结构设计、高管员工股权期权发放的制度设计。

首先，初始股权结构的设计。创业之初，如果只有一个股东，即可成立一人有限责任公司，100%拥有股权。如果是两个或两个以上股东一起成立有限责任公司，尽量避免股权平均化分配。核心股东要对公司具有绝对的控制权，持股比例最好超过2/3。

其次，融资过程中的股权结构设计。不论是第几轮融资，相对其他因素来说融资期间的股权结构变化对公司控制权的影响是最大的。因为融资协议规定的事项，不但涉及本轮融资之后权利的变化，还涉及下一轮融资、投资人、创始人退出的权利安排。如果公司在成立之初的股权比例就有问题，那需要创始人之间调整好之后再谈融资计划。我们不建议"50%：40%：5%：5%"的比例安排。因为5%的持股者的支持将会成为50%和40%的被拉拢对象，不利于公司决定权的稳定性。如果40%的持股者是投资人的话，一旦出现投资人与创业者冲突，他股权占比超过1/3，有可能使创业者无法推进任何重大决策。如果是"50%：15%：15%：10%：10%"的比例安排，公司创始人一股独大，投资人和其他创始人的股份比例相对比较小，有利于决策权的稳定。

最后，高管员工的股权期权的发放制度设计。公司经营得好，队伍不断发展壮大，除了创始人和投资人之外，当然还有高管和员工。如何吸引优秀的人加入创业公司，调动大家工作的积极性，股权或者期权的激励机制是非常好的方式。创始人在这时往往希望在建立股权期权的同时，可通过代持股权、受限制股权等合理合法的制度安排把控制权掌握在自己手里。

当然，发放股权期权的时间点根据业务发展来定。一般来讲，在业务已经可以看到比较明确的成长性的时候，发期权会是最好的一个时间点。如果发得比较早，虽然拿出了不少股份来做激励，但是其实员工没有感觉。如果是在业务成长性比较好的时候给，能够让员工在接下来的时间切实感受到股权期权价值的增长。其实，给高管员工发放股权期权是一柄双刃剑，如果价值不停地在增长，对员工的激励是很强的；如果价值没增长，甚至是往下走的，这种激励就没有多少意义了。

需要强调的是，不论是什么阶段的公司，融资、股权激励和期权激励在法律上都是非常专业的部分，要选择专注于此领域的律师事务所，雇佣从业经验丰富的律师来操刀。比如，京东集团CEO刘强东第一轮融资时对资本市场不熟悉，他就请了专业的律师事务所来帮助设计股权安排，保证自己对公司的控制权。

3. 小结

在企业发展初期，创始人在公司成长过程中扮演着多重角色，最重要的角色通常是决策者。这时候，创始人对公司的控制权决定着公司发展的方向和成长速度。一旦公司面临这样或那样的关键问题时，创始人是最后的拍板人，将带领团队同舟共济，渡过难关。

同时，对于具有快速成长潜力的企业来说，引入合适的投资人可以加速企业的发展。但投资人作为股东进入公司之后，创始人如何平衡和投资人之间的股权分配，如何在融资之后还对公司具有强有力的控制权，不仅取决于创始人在企业设立之初的股权结构、融资谈判过程中与投资人的约定，还取决于高管员工的股权期权发放的制度设计。总之，只有股权结构设置合理，公司的发展才能顺畅。

主题4 创业团队冲突的影响因素

> **学习目标**
>
> (1) 了解团队的情感冲突与认知冲突。
> (2) 认识导致团队分裂的三个重要因素。
> (3) 掌握避免团队分裂的方法。

1. 主题解读

"人心齐,泰山移",讲的就是团队合作的力量;"人心散,事业瘫",指的就是团队分裂的代价。

团队管理的核心就是在目标导向下,减少离心力、增强向心力,即 together each achieve more,这就是 team。

接下来,我们来进一步剖析哪些关键因素导致了团队的冲突,甚至分裂?

通过本课程的学习,你将能够了解到什么是团队的情感冲突与认知冲突;认识到导致团队分裂的三个重要因素;掌握避免团队分裂的方法。

从理论上来讲,创始合伙人冲突有情感性冲突和认知性冲突。

情感性冲突"对人不对事"主观、感性,常常是因为信任出了问题;认知性冲突"对事不对人"客观、理性,是由合伙人对企业经营发展中问题认知的差异所引起,表现为不同的观点和想法,客观的认知性冲突是可控的。

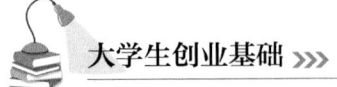

但是，可控的认知性冲突有利于脑力激荡，激发创新思维，形成多元化的解决方案。当然，如果认知性冲突处理不当，导致彼此不信任，情感性冲突就为团队分裂埋下隐患。

归纳起来，团队冲突（或分裂）的影响主要因素：价值观差异、利益分配没有章法，以及"团队地位中都想当老大"。

2.【主题案例】"二张"分手，缘何？

1997年，由张伟平投资1000万元注册的北京新画面影业公司正式挂牌。张伟平出任公司董事长，张艺谋则是艺术总监。从当初搭档来说，张艺谋是导演，擅长拍片；张伟平是制片，擅长市场推广。合作之初，他们技能互补，目标一致，可谓黄金搭档。合作16年来，两人带给观众不少视觉盛宴，他们也因此名利双收。然而，2012年下半年，张艺谋、张伟平，分道扬镳。关于兄弟反目成仇的故事，张艺谋拍过《满城尽带黄金甲》，其中的三位王子为夺王位成为仇敌。现在，故事的主角就是他们自己，真是人生如戏，昨天亲密无间，今天相见困难，明天绝交断缘。

是什么原因导致了"二张"的分裂呢？

【案例分析】

可以从三个因素来分析"二张"分裂的原因，即前文价值观差异、利益分配没有章法，以及"团队地位中都想当老大"。

下面，我们具体从这三个因素来进行详细的分析与讲解。

首先，"离你，我更好"的老大意识。

俗话讲得好"一个好汉三个帮，一根篱笆三个桩"，但实际问题是"谁是好汉谁来帮，谁是篱笆谁当桩"呢？张艺谋是导演，张伟平是制片，谁是老大？论公司法，张伟平是董事长，是老大；论产品和品牌，张艺谋是"国师"，是老大。

俗话说"一山不容二虎，除非一公和一母"。谁充公，谁当母？应该说，在创业初期，张艺谋名不见经传，初出茅庐，谁给他钱，他就觉得谁是个贵人，张伟平必然是老大，加之老大"财大气不粗"，合作起来风平浪静，顺畅愉快。之后，张艺谋展现实力，借助几部成名大片，时来运转。2006年，张艺谋担任北京奥运会开幕式总导演之后，更是名声显赫，艺术成就可谓登峰造极，成为新画面公司最为核心的竞争力。名气代表资源，在市场经济的大背景下，市场讲究的是等价交换，名气大交换的市场资源就多。

当然，"他们谁是老大"反映的是"导演中心制"和"制片中心制"两大电影制作系统的博弈。制度的矛盾之处在于演员选择、场景安排、投资规模及人员调配等方面。

试想，如果追求他们两人整体利益的最大化，在一起总比分开好。这时候，适度调整一下彼此在公司的地位，不那么计较"谁是老大，谁是老二"又何妨呢？毕竟"兄弟齐心，其力断金"啊！

其次，利益分配没有商业规则。

在商言商，要谈利益。经商不谈利，合作就没戏。亲兄弟，明算账，有话明着说，就需要白纸黑字的合约。

据媒体报道，对于张艺谋的影片制作，制片人张伟平甚至"一不看账本，二不看剧本"，两人也没有任何合约限制——完全是基于彼此的信任和情义。

事实上，如果制片公司和导演之间没有合约约束，不但拍片计划不明，导演还可能随时撂挑子。片约之中账目不明，仅仅口头讲好影片上映之后再分账，制片方单方面表示影片没有受益，导演就白忙一场。"二张"之间一直采取张艺谋签字报账的做法，影片大卖还好说，一旦收益状况不佳，制片人和导演如何分账就说不清了。据说，从《山楂树之恋》开始，张艺谋就已经没有片酬，"身价倍涨，待遇不涨"，自然心生不爽。

面对合作可能出现的分歧，双方事先签订完善的合同最重要，合同里要把双方的权利和义务都一项项写清楚，这样就能避免许多不必要的麻烦。比如，2005年年底，华谊兄弟遭遇"王京花出走事件"，导致华谊兄弟的艺

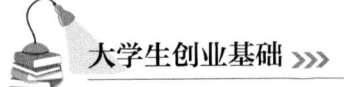

人经纪业务被突然抽空。好在华谊电影业务所仰仗的导演冯小刚没有受到影响。因为仅仅在一年前，董事长王中军以一份极其周详的长期合约把冯小刚留在了华谊兄弟，这份合约"终身有效，五年一变"，一直持续到冯小刚满60岁退休时为止。

最后，价值观平衡冲突。

"二张"在16年的合作中肯定争吵过，但为什么最终归于风平浪静？因为创业之初，大家都是无名小卒，"蛋糕"做得小，计较也少，拍出中国艺术性最好的商业电影是"二张"共同追逐的理想。

鱼和熊掌不能兼得，欲平衡电影的艺术美和商业利益，妥协成为不二法门。比如说，张艺谋为追求艺术美，执意要在《一个都不能少》中选用本色演员魏敏芝。由于外行，为选一个好的镜头，魏敏芝基本上要过40遍。这对制片方张伟平来讲，一个镜头可能要耽误一天工，意味着成本的付出，在这件事上，张伟平妥协了。

再比如，在《金陵十三钗》中，据说贝尔和倪妮的床戏合约中是没有的，张艺谋本来也没准备拍，但张伟平认为"电影不能光追求艺术，脱离市场和观众不行"。从商业利益角度出发，他一直劝说张艺谋加拍这场戏，让他和贝尔沟通。张艺谋努力了不下三次，贝尔才勉强同意。这段床戏后来大肆出现在该片的宣传中，增加了票房，叫好也叫座，但它违背了张艺谋对艺术本身的追求。

作为商人的张伟平，追求利润大，赚钱第一，艺术第二，"赔本赚吆喝""叫好不叫座"已是张伟平不可承受之重。作为导演的张艺谋，追求艺术美，艺术第一，赚钱第二。艺术美这条鱼和商业大这个熊掌能否兼得？屁股决定脑袋，他们本身没有对错，问题在于没有平衡好"艺术与利润"之间的关系。

出现问题不要紧，关键在于建设性、沟通性。然而，他们后来唯我独尊，固执替代了妥协，沉默代替了沟通，结果就是"我们就这样，各自走天涯"。

3. 小结

管中窥豹，略见一斑。"二张分手"启示我们：在创业初期，因为有共同的使命，大家没有吃不了的苦，有苦共担；等企业做大甚至做强后，本应有福同享，结果却劳燕分飞。罪魁祸首就是团队精英"离你，我更好"的老大意识，利益分配缺乏商业规则及价值观平衡冲突。

团队的稳定离不开制度和规则的约束，美国企业家老洛克菲勒有句名言，"建立在商业基础上的友谊永远比建立在友谊基础上的商业更为重要"。由于讲义轻利的传统文化影响，商业合作中掺杂了过多的友谊，讲究"座有序、利无别"；熟不知，道义凝聚团队，既缺乏持续性，又不稳定，结果带来的却是"兄弟变路人"，令人叹息不已。

模块 3
创业项目

模块内容

主题 1　创业机会的来源

主题 2　机会窗

主题 3　关键业务

主题 4　产品定位

主题 5　价值主张

主题 6　品牌建设

主题1　创业机会的来源

学习目标

（1）说出创业机会的三个来源。
（2）了解三种类型创业机会来源的典型企业案例。
（3）掌握发现创业机会来源的三种方法。

1. 主题解读

社会经济的发展和科学技术的进步，会不断激发人们的想象和需求，为创业者不断提供新的创业机会。有句话说得好："没有饱和的市场，只有饱和的思想。"一般来讲，创业机会来源于三方面：① 趋势的把握；② 没有解决的问题；③ 闲置的资源。当然，以上三方面的结合是更为理想的创业机会来源。

（1）把握趋势带来的商业机会。

环境趋势的变化，会给各行各业带来良机。人们透过这些变化，就能发现新的前景。环境趋势变化包括经济趋势、社会趋势、文化趋势及技术趋势等。历史上，很多企业就是因为成功把握环境趋势变化而新发展起来的（表3-1）。

（2）解决问题产生的创意。

问题就是消费者苦恼的事情或者抱怨的事情。因为是苦恼、是抱怨，人们总是迫切希望解决问题。如果能够发现并有效提供解决的办法，这就变成了一个创业机会。历史上，有很多企业就是因为成功解决了市场上存在的问题而创建发展起来的（表 3-2）。

表 3-1　环境趋势变化带来的商业机会

环境趋势变化		引发的新业务、产品和服务机会	创立的企业
经济趋势	青少年拥有更多现金和可支配收入	设计服装、CD 盘、DVD 播放机、游戏机、手提电脑	盖普公司、世嘉公司、奔迈公司、MTV 公司、Banana Republic
	对股票市场的兴趣增加	网上经纪服务、股票调查服务、投资者杂志	Buy And Hold.com、富尔公司、《红牌鱼》杂志、the street.com
社会趋势	双薪家庭日益占主流，留下更少的时间做饭	餐馆、可用微波炉加热的晚餐、食品外送服务	麦当劳、肯德基、橄榄园餐馆、Domino's Pizza
	新的医学信息警告说肥胖具有危害的结果时，人们对健身兴趣增加	健身中心、室内锻炼器材、减肥中心、健康饮食商店	斯泰尔专家健身器材公司、健安喜营养中心、全食超市
	便捷的交通和可支配收入增加的结果是人口流动性增加	蜂窝电话、膝上电话、手提电脑、电话卡	诺基亚、奔迈、恒基伟业、移动研究公司
技术趋势	互联网的发展	电子商务、改良的供应链管理、改良的信息通讯	雅虎、亚马逊、美国在线、化工联合网站
	生物科技进步	生物科技相关的医药产品、食品、兽药、信息服务	安进公司、生物在线、Genetech、BioInform 杂志
	政治和制度趋势	环境保护总署和职业安全与健康管理局不断提高标准；咨询公司、监视法规遵守的软件、有助于确保法规遵守的产品	RMS 系统公司、普瑞玛技术公司、Compliance Consulting Services Inc

表 3-2　成功解决市场问题而发展起来的企业

创业者	年份	问题	解决方案	企业名称
罗布·格拉泽	1995	无法在互联网上播放音频和视频	开发在网上播放音频和视频的软件	RealNetworks
杨致远、大卫·费罗	1994	没有办法寻找或组织喜欢的网站	创建网络导航以发现和收藏喜欢的网站	雅虎网站
斯科特·库克	1982	传统的支付账单、知晓个人财务状况的过程令人失望	开发使这个过程更简易的软件程序	财捷公司
安东尼·蒂希奥	1980	对美国邮政排长队、工作时间短与有限服务不耐烦	创办企业以提供邮局之外其他选择	Mail Boxes Etc
安尼塔·罗迪克	1976	购买大瓶商品前,难以找到小包装面霜或洗液去尝试	创办企业提供小包装的洗浴和护肤产品	美体商店 The Body Shop
弗雷德·史密斯	1973	他的公司(喷气机销售)不能及时得到交付的备用零件	创建新企业以帮助其他企业及时获得交付的包裹	联邦快递

（3）闲置资源产生的商业机会。

资源的闲置就是浪费。但是，如果能够找到废弃资源的另类用途，就有可能变废为宝，实现闲置（或者废弃）资源的另类价值，这也是很好的创业项目。

2.【主题案例】魔漫相机❶走红

一款漫画相机应用悄然在微信朋友圈和微博走红，那就是魔漫相机。它可以将拍下的真人照片在几秒钟内绘制成一幅漫画，并且提供多种个性

---

❶ 魔漫相机可以把拍下来的用户照片进行手动或者自动的人脸识别，手动识别的准确率相对高一些。目前，安卓用户需要点击设置将人脸识别调成手动，选择男女性别以后，系统会自动在 1~2 秒钟内为用户绘制出一张漫画。用户可以通过移动自己的脸部，调整脸型、发（可移动）、眼镜、眉毛来改变面部的效果；然后，回到主页继续挑选自己更喜欢的背景模板（包括环境、着装风格和动作），新用户能够获得 200 个模板。

化后期编辑模板。据了解，2013 年 8 月 31 日上线的魔漫相机累计用户数已近 2000 万，2013 年 9 月获得投资 3000 万元。

【问题】这样一款"照相＋漫画制作"的应用是究竟如何爆红网络的？

【案例分析】

魔漫相机几个月来依靠较少的推广获得了用户的认可，除了强大的微信平台支持，众多明星的主动分享以外，受到热捧主要是因为在移动互联网时代，魔漫通过运用大众化的艺术手段，更好地满足了用户的移动社交需求。一方面，艺术通过与技术的结合，可以走向一个更为大众化的平台被更多人所接受和喜爱；另一方面，个性化需求在全球范围是一个具有潜力的市场。

显然，一个诞生不足一年的产品，要判断它的未来依然为时尚早。但并不妨碍这款产品给我们带来的启示：首先，一个好产品首先是要满足大众需求，才可能有相应的用户基础；其次，要不断地优化和改进，才能不被用户中途抛弃；最后，产品一定要有纵深，才能细水长流，才有持久和盈利的空间。

3. 小结

发现创业机会，主要可以通过"把握未来趋势""解决现存的问题"及"利用闲置的资源"这三种方式来实现。其中，新初创企业，因为资源条件所限，从解决现存问题入手，可以有效缩短先期投入的回笼周期，同时为把握趋势培植核心竞争优势，实现市场的成长性，这是比较理想的选择路径。

主题2 机会窗

> **学习目标**
> （1）了解什么是机会窗。
> （2）掌握评估和把握机会窗的基本技能。

1. 主题解读

很多企业率先进入市场，却难以积累先发优势成为行业先驱，反而被后来者赶超淘汰，成为令人遗憾的先烈。主要原因是选择进入市场或行业的时机不对，因为时机是有生命周期的。

机会窗就是用来刻画这种生命周期性的，是在一个既定商业概念下追求机会的最佳时机。比如，对于房地产行业来讲，当国家各项调控政策到位，楼盘价格下降，同时购房者购买力充足的时候，就是楼市的"机会窗"。再如，人寿保险业的发展机会窗在2000年左右，如果错过这个机会时段，后来发展会遇到更多的困难。好比一扇窗户，可以打开和关闭。当窗户打开时，意味着时机有利，企业就会获得利润；当窗户关闭，时机丧失，企业就会亏损（图3-1）。

如果过早进入，消费者的消费习惯还没形成，这时就需要配置大量资源去培育新市场，毕竟初创企业杯水车薪，难以在资源耗尽前见到持续的盈利，结果就"死在了漆黑的前夜，难以享受清晨的阳光"；如果进入过晚，对手太多，进入门槛可能（就会）过高，竞争太残酷，杀得你死我活，激烈残酷的竞争让初创企业难以突围。因此，赶早赶晚都不如赶巧，所谓的巧就是要选准"机会窗"开启的时机（图3-1）。

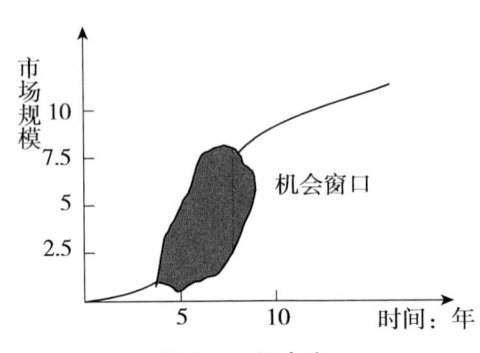

图 3-1　机会窗

一般来讲，市场或行业的发展有一定的时间长度，使创业者能够在这一时段中创立起自己的企业，并获得相应的盈利和投资回报。市场规模在开始的一段时间增长较为缓慢，然后会有一个快速强劲的增长阶段，这个阶段会持续到市场稳定并最终饱和。针对美国创业者的一项调查研究表明，当机会窗口的时间短于三年，新事业投资失败率高达 80% 以上；如果机会窗口的时间超过七年，则几乎所有投资的新事业都能获得丰厚的回报。

2.【主题案例】在线教育开启机会窗

在线教育，最早主要作为高校的一种教学尝试，一直不温不火。然而，近几年突然变成了一个热门词汇（行业），更成为 2013 年资本市场的新宠儿。就连俞敏洪这位最大英语培训机构的掌门人也如坐针毡，起因是百度、阿里、腾讯都推出了教育平台。新东方本身也开始认真思考在线教育，感受到了前所未有的危机。

问题：这是否意味着在线教育的春天到来了呢？

【案例分析】

在线教育的市场体量巨大并有很大的挖掘潜力，就目前看来，还没有什么公司能在这一领域独领风骚,居于垄断地位。同时,教育是一个循序渐进的过程,特别注重产品质量和客户体验,无形中便延长了机会的生命周期。更重要的是,在线网络数据是可积累的,可以根据学生的学习和测试反馈情况实现个性化的辅导,及时查漏补缺,这类针对性的增值服务盈利前景十分看好。下面从学历教育、非学历教育和在线教育平台三个方面来分析在线教育的机会点。

首先,学历教育是刚性需求,包括幼儿园教育、K12教育和大学教育。随着智能终端和4G技术的引入和普及,移动学习变得方便和快捷,利用碎片化时间获取学习资源成为常态,这为在线教育提供了无限的市场机会。同时,国务院取消和下放"远程高等学历教育的网校审批",这意味着行业进入政策壁垒的解禁,民营机构将获得发展学历在线教育的新机会。

其次,某些非学历教育也是刚性需求。除了英语这个大热门外,公务员、考证类也是在线教育比较热门的科目。这些科目相比其他科目更容易实现网络教学。其中,最著名的莫过于中华会计网校,考过会计证的学生基本都会用到它。这类机构专注于细分市场,定位精准,在区域内具有较强的客户黏着度。

最后,在线教育平台进入正当其时。原因有三:一是电子商务经过近几年的发展,培育了大量有在线支付习惯的消费群体;二是在线教育的技术臻于成熟;三是大量传统教育机构已经开始在网络教育端发力。淘宝同学就是在此时进入市场的,它的一大优势是提供更多的流量。总之,好的在线教育体系必须从学生角度出发,高度重视教学体验和效果。经过几年的培育和4G时代的到来,必将迎来在线教育的爆发期。

3. 小结

机会窗是衡量企业进入市场或行业,追求机会、实现价值的最佳时机的一种分析工具。评估市场时机是否合适,可从这几个方面进行评估:消费者的欲购情结、市场冲击力、市场对拟初建企业的需求,经济与环境趋势对目标市场发展有利的程度，以及近期是否有大企业拟进入该市场。从以上几个指标来看，消费者消费习惯逐渐形成，学历教育和某些门类的非学历教育都属于刚性需求；随着移动终端联技术和大数据技术的应用和普及，在线教育发展大势不可阻挡；教育市场门类众多，体量庞大，增速很快；国家和居民教育支出比重越来越高，加之在线教育目前刚有百度、阿里巴巴和腾讯等互联网企业巨头涉足、立足于建立教育平台。综合上述，新创企业布局在线教育正当其时。

主题 3　关键业务

> **学习目标**
>
> （1）了解关键业务的概念。
> （2）了解电商产业的三大发展趋势。
> （3）掌握企业得以发展的三大业务。

1. 主题解读

关键业务是用来描绘为了确保其商业模式可行，企业必须做的最重要的事情。例如，对于微软等软件制造商而言，其关键业务是软件开发；对于戴尔等电脑制造商来说，其关键业务是产品制造；对于麦肯锡咨询企业而言，其关键业务是问题求解。

企业的关键业务主要有三类：制造商品、解决问题和平台/网络业务。具体来讲，制造产品这类业务涉及生产一定数量或满足一定质量的产品，与设计、制造及交付产品有关。解决问题业务指为客户的问题提供新的解决方案。咨询公司、医院和其他服务机构的关键业务就是解决问题，业务范围主要包括知识管理和业务培训；网络服务、交易平台、软件甚至品牌都可以看成是平台，业务范围包括平台管理、服务提供和平台推广等。

企业究竟选择何种关键业务，首要考虑的问题：①企业未来的战略方向？②创业的价值主张需要哪些关键业务？③创业的渠道通路需要哪些关键业务？④创业的关键资源能够支撑哪些关键业务？第一个问题着眼未来，要求迎势而为；后三个问题考虑当前，要求切实而行。决定战略业务何去

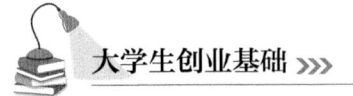

何从，不仅要"低头走路"，也要"抬头看路"，两者结合不可偏废。

一般来讲，初创企业因为资源有限，业务要聚焦，不能随意搞多元化经营，防止出现"什么都做，什么都不能做好"的局面。那些资源实力相对充裕和强大的企业，应考虑鸡蛋最好不要放在一个篮子里，业务适宜多元化，有利于规避风险。

2.【主题案例】阿里巴巴未来的三大业务：平台、金融和数据

在 2012 年 9 月 9 日的"网商大会"上，马云剖析了阿里集团分阶段从事的三大业务：平台、金融和数据。第一阶段，业务是平台战略。阿里集团内部分为七家公司：阿里巴巴国际、阿里巴巴国内、一淘、淘宝、天猫、聚划算和阿里云。这七家公司建立平台经济，为所有的小企业建立一个机会的平台。第二阶段，金融服务。中小企业向传统金融机构融资需要担保或抵押，向阿里融资只需要良好的信用和为客户提供实实在在的服务，这是用互联网的思想和互联网的技术去支撑整个社会未来金融体系的重建。第三阶段，数据服务。大数据服务作为一种业务，实现盈利的关键在于提高对数据的"加工能力"，通过"加工"实现数据的"增值"。

问题：阿里集团做出的这些业务选择，背后的依据有哪些？

【案例分析】

电子商务产业有三个重要趋势。第一，小就是美。阿里巴巴的中小企业客户大多从事某个细分市场的生意，收入规模虽然不大，但是很好地满足了特定客户的需求。第二，C2B 柔性化定制渐成社会化的必然趋势。从消费流通领域进入到生产制造，然后到生活方式的改变，电子商务将从 B2C 全面挺进 C2B，进行柔性化定制，真正为消费者解决问题。这是社会的必然趋势。第三，信用意味着恒久的财富。传统的价格战不仅伤害了商家，也伤害了消费者。电子商务企业今后拼的是信用，坚持特色，提升专业服务水平，这样才能建立消费者和制造商和谐的共赢关系。

第一阶段的平台业务本身就是阿里的优势所在。面临"小就是美"的中小企业，阿里巴巴平台将侧重于搭建C2B平台，更好地解决消费者的柔性化定制需求。第二阶段的金融服务是新增长爆发点。中小企业融资难是长期以来影响中小企业发展的瓶颈问题，也是个"老大难"问题。实践证明，这是传统金融体制和模式难以解决的。阿里巴巴需要另起炉灶，依靠信用评定，帮助作为客户的中小企业切实解决融资难题。这样不仅的彰显"客户第一"的价值主张，更能公司未来新的业务增长点，如此"两全其美，何乐不为呢"？第三阶段的数据服务是战略制高点。阿里巴巴做数据服务，是因为阿里巴巴具有平台交易数据的先天优势，同时精准的大数据能够更好地帮助客户把握当前需求和预测未来趋势。这三个业务成熟的时间点虽不一样，但彼此关联、互相促进，有利于奠定阿里未来竞争的战略制高点。

此外，前面已经提到，对于初创企业，业务要聚集，而对于资源充裕的企业，就要追求业务的多元化，阿里巴巴集团关键业务的确定也是基于此，在其初创的前几年重点实施平台战略，而在集团飞速发展时启动更多元化的关键业务模式。

综上可以看出，阿里巴巴集团在确定关键业务时不仅顺应了电商行业发展大势，而且充分考虑了阿里现有的比较优势，体现了当下比较优势和未来产业发展趋势的结合。这种结合是坚持"客户第一"这种价值主张的必然结果，因为中、小、微企业发展过程中碰到的主要困难依次是"缺平台""缺融资""缺精准解决方案"。阿里巴巴正是基于客户的这些需求，结合自身资源情况，区分轻重缓急，重点而为，逐个突破，"平台""金融融资""大数据业务"三类业务彼此前后关联，互相帮衬，让生意变得越来越好做，突显了阿里巴巴"让天下没有难做的生意"的信念。

3. 小结

关键业务是企业依托自身核心资源,为客户创造价值过程中从事的最主要活动。企业发展不管处于何种阶段,业务决策都要做到"顶天立地"。"顶天"意味着把握趋势、有所作为,"立地"意味着务实推动,要与价值主张、渠道通路及核心资源相互配合,发挥协同效应。

主题 4　产品定位

> **学习目标**
> （1）理解产品定位的基本含义。
> （2）掌握产品定位的基本步骤。

1. 主题解读

产品定位，就是企业为了获取在行业中的预期地位，确定产品在目标消费者心目中的独特形象。

说白了，产品定位就是企业决定把产品当作什么东西来生产和销售。以轿车为例，如果把它定位在"代步工具"上，那么，在生产和销售过程中，就应走大众路线，强调其操作简单、安全方便、节油价廉等特点；如果把它定位在"身份的象征"上，那么，在生产和销售过程中，就应走高端奢侈路线，重点突出其豪华、奢侈、舒适、高价等特点，非一般人所能用也。

产品定位过程实际是一个"知彼知己"的过程，这里的"彼"就是竞争对手和目标消费者，"己"就是企业的产品，可概括为四步走。

第一步，找出竞争对手的同类产品。

找出企业的竞争对手，尤其是现有的直接竞争者，找到它们提供的产品，熟悉他们的目标客户，了解其优点和不足，以及他们诉求的卖点所在和追求的市场地位如何。

第二步，调研目标消费者（群）的买点。

买点就是打动消费者购买的利益点，通俗讲就是在产品购买和使用过程中，消费者非常在意和希望获得的任何东西。买点一般是主观的、动态的，可以是购买和使用某一产品带来的欢乐、生活质量的改善等。

第三步，提炼本企业产品的独特卖点。

产品的独特卖点是产品竞争力的表达，是指消费者购买企业产品，让其情有独钟的关键所在。产品的卖点不仅应建立在消费者的需要之上，而且要有坚实可靠的支撑点，绝不能凭空想象。比如，某企业卖的是祛痘产品，涂上之后却成了"长痘灵"，这样即使说得天花乱坠也不会有市场。

第四步，测试消费者买点和产品卖点的匹配度。

卖点是企业围绕顾客需求点而设置的，是一种针对性的打靶行为，是消费者利益需求点的表现。只有产品卖点和消费者的买点实现无缝对接时，这个卖点才是真正的买点。如果卖点和买点不匹配，直接后果就是消费者不买账。此时的卖点顶多是产品的基本属性，并不能形成竞争优势。这时，需要以满足消费者的买点为中心，重新提炼产品的独特卖点。

2.【主题案例】加多宝产品定位

多年来，加多宝多年来一直雄踞凉茶市场的领头羊的位置。有专家认为，加多宝凉茶的持续大卖，与其精准的产品定位密不可分。

【问题】加多宝是如何进行产品定位的？

【案例分析】

第一步，找出加多宝竞争对手的同类产品。

凉茶的功能之一是清火，不过市场上具备清火功能的饮料产品可不止一个。对于加多宝来说，其竞争对手不仅有传统的康师傅绿茶，还有今麦郎推出的冰糖雪梨等。

第二步，调研加多宝目标消费者（群）的买点。

加多宝的目标客户群体：第一类为时尚年轻人士，他们尽情享受生活，乐于接受新鲜事物，经常烧烤、吃火锅、熬夜，他们喝饮料的主要目的是去火。第二类为家庭养生人群和亚健康人群，他们注重养生，追求品质生活，选择喝凉茶为的是健康。第三类为餐饮娱乐行业的消费群体，他们消费饮料希望解酒、润喉。

第三步，提炼加多宝产品的独特卖点。

卖点的提炼有的易有的难，企业在提炼产品卖点的时候，要勇于打破常规，突显消费者关注的商品差异化，并用直接、精准、具体并富有冲击力和记忆力的语言描述产品卖点，传递给消费者。

加多宝的卖点是什么呢？卖点一：去火。加多宝沿用预防上火的本草植物为原料，以中国传统养生理论为指导，诉求"怕上火，喝加多宝"。卖点二：正宗。加多宝凉茶的配方传承于凉茶创始人王泽邦，至今已有百余年历史。凉茶由上等草本原料配制，秉承传统蒸煮工艺，运用现代科技，开创了"集中提取，分散灌装"的工业化模式，确保了凉茶的优良品质。

第四步，测试加多宝消费者买点和产品卖点的匹配度。

事实上，加多宝刚开始并不被消费者所熟知，是广东本地的区域性产品。同时，凉茶在消费者头脑中的认知比较模糊，不容易在全国形成认知。为此，要做的首要工作是为凉茶功能进行重新定位，其中"上火"这个卖点就是因为全国大部分地方都存在的，能够找到商业餐饮这类源点消费人群。据中国行业企业信息发布中心2012年前三季《中国饮料行业运行状态分析报告》，"中国每卖10罐凉茶，7罐是加多宝"就间接证明了消费者对加多宝的认可，表明消费者买点和产品卖点的高度匹配。

3. 小结

学习加多宝的产品定位，由此及彼，任何产品的定位都离不开下述四个步骤。第一，分析竞争对手的同类产品；第二，调研目标消费者（群）的买点；第三，提炼本企业产品的独特卖点；第四，测试消费者买点和产品卖点的匹配度。它们彼此关联、相辅相成，有机地构成了产品定位的基本操作流程。

主题 5　价值主张

学习目标

（1）了解什么是价值主张。
（2）掌握价值主张最大化策略。

1. 主题解读

价值主张是公司通过其产品或服务所能给消费者提供的利益或好处。从消费者的角度来看，价值主张就是消费者所能感知到的公司为其创造的价值，这里的价值可以是定量的（如价格、服务速度），也可以是定性的（如设计、客户体验）。

无论如何，每个价值主张都是通过特定的产品或服务来迎合特定客户的需求。一些价值主张可能是创新的，并表现为一个全新的或破坏性的产品或服务；而另一些可能与现存市场产品或服务类似，只是增加了功能和特性。表 3-3 列出了为客户创造价值的简要要素。

表 3-3　价值要素

类型	解读
新颖	有些价值主张为青年组客户提供从未感受和体验过的全部需求，因为以前从来没有类似的产品或服务
性能	改善产品或服务性能是一个传统意义上创造价值的普遍方法

续表

类型	解读
定制化	定制产品和服务以满足个别客户或客户细分群体的特定需求来创造价值
把事情做好	通过帮助客户把某些事情做好而简单地创造价值
设计	设计是一个重要但又很难衡量的要素。产品可以因为优秀的设计脱颖而出,在时尚和消费电子产品工业,设计是价值主张中一个特别重要的部分
品牌/身份地位	客户可以通过使用和显示某一特定品牌而发现价值
价格	以更低的价格提供同质化的价值是满足价格敏感客户细分群体的通常做法,但是低价值主张对于商业模式其余部分有更重要的意义。免费产品和服务正开始越来越多地渗透到各行各业
成本削减	帮助客户削减成本是创造价值的重要方法。
风险减少	当客户购买产品和服务的时候,帮助客户抑制风险也可以创造客户价值
可达性	把产品和服务提供给以前接触不到的客户是另一个创造价值的方法,这既可能是商业模式创新的结果,也可能是新技术的结果,或者兼而有之
便利性/可用性	使事情更方便或易于使用可以创造可观的价值。

2.【主题案例】微信红包为什么这么红?

随着微信 5.2 版本的发布,很多人的微信里瞬间被"红包"刷屏了。微信红包迅速在微信中刷屏的背后是一个名为"新年红包"的公众账号,它由腾讯财付通推出。随着大量年轻人回乡与亲人团聚,春节期间微信红包在更大范围内形成病毒式传播,腾讯几乎不花什么推广费用就引爆了马年第一个全民话题。

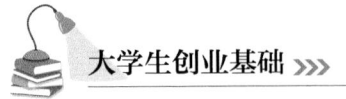

【问题】微信红包为什么这么红？

【案例分析】

首先，在于设计带给大家的方便性。

用户只需进入"新年红包"公众号，选择发几个红包、发放的金额，写好祝福语，通过微信支付，红包就包完了。接下来发红包时，可以发到群里，也可以单独发给某个好友。当对方打开红包后，只需要关联微信的银行卡，领到的红包就会在一个工作日之后自动转账。

用户感受到的方便不仅体现在操作的步骤简化，还需要极强的产品团队深入拿捏用户心理。例如，微信群中发红包最具趣味性的关键点是"抢"，"抢"本身会带来微信群的瞬间活跃并激发传播欲望。

其次，在于游戏带给大家的娱乐性。

在今天的年轻人中，没有什么外在刺激比游戏化更能激发他们传播欲望的了，尤其是游戏化的过程中还加上了钱。

微信红包已经超出了红包的概念，它更像是一个社交游戏。传统意义上的红包，怎么也要几百块钱，都是极为亲密的亲友之间的行为，微信红包则完全不同。如果发放时用户就知道肯定会拿到多少红包，除了感谢很难有更多兴奋。那些抢到红包的人红包中的金额有多有少，拉开档次，会让每一次红包的发放都能有炫耀、有懊恼、有话题，激发用户主动的分享和传播。

最后，社交化带来的可达性。

虚拟红包的玩法并非微信首创，支付宝早已用之，但是微信具备一个难以复制的先天优势——强大的社交关系链，这是其他产品无论多大规模的装机量都无法取代的。例如，支付宝也是移动端，发红包体验也还算便捷，却没有能如微信红包这样引爆。除了产品的细节，其根本还是社交关系链的原因，微信比支付宝更具社交性，不少"50后""60后""70后"参与其中就说明了这一点。这种社交性使得人人都是主动传播者，你每一次打开或发微信红包都使它传播到更多人，让微信红包更火，也让微信的活跃度持续升温。

总之，任何一款产品引爆的背后都是用户需求的满足，春节时发红包是个刚需。春节不仅是每年中国最大规模的人口迁徙，更是任何互联网产品沿着空间和人群两个维度病毒式扩散的绝佳时机。腾讯公司在支付战略中吃下的将是一个无比巨大规模的增量用户，几乎不花营销成本，轻松将手机支付从年轻人推广到全民。

3. 小结

价值主张是客户转向一个公司而不是另一个公司的根本原因，它解决了客户的问题或者满足了客户需求。定义价值主张时，我们要牢记三个问题，分别是"我们正在提供给客户哪些产品和服务？""我们将向客户传递什么样的价值？"及"我们正在帮助客户解决哪些难题或者满足哪些需求？"以微信红包来讲，腾讯公司向微信用户普及移动支付的概念，告诉他们便捷支付的好处，帮助满足红包参与者的参与感和兴奋感。

主题 6　品牌建设

学习目标

（1）理解品牌的本质。
（2）掌握品牌的关键切入点。
（3）掌握品牌建设的基本内容。

1. 主题解读

简单地讲，品牌是指消费者对产品及产品系列的认知程度。在大多数人看来，初创企业还没有到品牌建设的阶段，主要理由有三：其一，品牌是奢侈品而非必需品，因为建设品牌需要大投入，这不是初创企业财力所能够支持的；其二，品牌是个系统工程，它对技术层面有较高要求，而初创缺乏足够的人才支持；其三，品牌打造需要时间和历史积累，绝非短期能够卓有成效的。那么，初创企业究竟能不能建设强势品牌呢？

实践表明，初创企业是能够建成强势品牌的，这需要弄清楚三个问题：品牌的本质是什么？品牌的关键切入点是什么？品牌建设的基本内容有哪些？

问题 1：品牌的本质是什么？

品牌一词来源于古挪威文字，意思是"烙印"和"烧灼"。品牌就是产品或服务在客户心中的烙印，是在顾客脑海中建立一个"形象标签"，它属于认知范畴。

问题2：品牌的关键切入点是什么？

既然品牌是来自顾客的认知，那么顾客是如何把产品或服务上升到认知层面的呢？研究发现，顾客是以品类进行思考，以品牌进行表达的。比如，你渴了，你会先来思考是喝水还是喝饮料，这里的水和饮料就是品类。如果你选择水，接下来你会选择是喝农夫山泉、乐百氏、娃哈哈、依云，还是其他，这些就是水这个品类中的品牌。基于这个认知过程，做品牌应从品类出发，要形成与品牌的紧密关联和深度捆绑。

品类明确后，接下来的做法就是聚焦。初创企业在市场上求生存、谋发展，一定会面对激烈的竞争。如果分散资源和能力，形成多个焦点，却毫无长板，这无助于实现品牌本质的把握——在顾客头脑中形成烙印。所以，初创企业必须聚焦自身的特点，形成排他性或独特性的优势，形成顾客心中的认知烙印。

问题3：品牌建设的基本内容有哪些？

锁定了品类，并且已经进行战略性聚焦，接下来讨论的是品牌建设的基本内容。

首先是品牌理念体系，其主要包括品牌愿景、品牌核心价值、品牌定位、品牌口号等。好的品牌一定有清晰的品牌理念体系。

其次是品牌的传播体系，一是传播的内容，二是传播的渠道。传播内容是可以进行传播的素材、理念、文案、活动和话题等。传播的渠道分为线上和线下。线上主要是网站、博客、微博、播客、微信和论坛等；线下是杂志、报纸、户外媒体、展会和沙龙等。有了内容和渠道，要建立内容与渠道的适配性，然后进行整体的编排，设计好传播计划，整齐画一地开展品牌推广。

最后是品牌的管理体系。这里面包括品牌组织、品牌管理制度和品牌执行。组织是谁来开展品牌工作，管理制度是在哪些环节设计规则，让品牌行为有整体一致表现力；执行是通过目标、策略、计划和预算四层面控制，让品牌任务有效达成。

下面看一则案例：小米手机如何打造强势品牌？

2.【主题案例】小米手机如何打造强势品牌？

小米公司成立于2010年4月，公司营收2014年预计达到600亿~700亿元，这是以火箭速度上升的品牌，突破了常人的品牌认知。第一，小米手机短短三年成为知名品牌，打破了品牌难以在短期突破的误区；第二，小米手机在广告投入极其有限，打破了品牌需要大规模投入的怪圈；第三，小米手机通过以工程师为主要的团队，通过一群技术达人做成了中国上升速度最快的品牌，突破了品牌需要强大专业支持的藩篱。

【问题】小米手机是如何做到强势品牌的？

【案例分析】

小米做到强势品牌，可以从"品牌的本质是烙印""品牌建设的切入点是品类和聚焦"及"品牌建设的三大体系"来得到答案。

（1）小米的品牌烙印。

在小米手机没有出现之前，小米不过是一种谷物的代名词。现在，小米已经成功改变了人们对于小米的原有烙印，在手机的认知中建立了强有力的地位。品牌的本质是烙印。烙印第一点就要求好记。与苹果手机有异曲同工之处在于，"小米"这个名称起得非常好。基本上属于看到、听到就能记住这种，所以很容易转化为烙印。同时，小米的LOGO倒过来是一个心字，少一个点。意味着小米要让小米的用户省一点心，进一步强化了情感价值和诉求。

（2）小米的品类聚焦战略。

小米手机推出那年，正是苹果风头正劲、三星奋起直追、诺基亚节节败退、其他品牌摩拳擦掌的时机。手机领域绝对是不折不扣的红海，光一线品牌就有数十个，小米手机凭什么能够脱颖而出？

第一个切入点就是品类。当时,智能手机已经完成了初步普及,成为人们熟知的手机品类。作为后进入品牌,小米开创了新品类,其重点强调了"互联网手机"这个概念。小米的LOGO是一个"MI"形,是Mobile Internet的缩写,代表小米是一家移动互联网公司。

第二个做法就是聚焦。小米为了强化其"互联网手机"的定位和不同,他们开展深度聚焦。首先,借鉴苹果的成功方法,小米同样聚焦单一产品,只做一款手机,而且是不计成本地做最好产品。小米基本上都采用苹果的供应商。譬如,他们是第一个采用高通4核1.5G芯片的手机。只做单一手机,用雷军的话讲,"少就是多,大道至简"。其实,用品牌定位的角度,当你越聚焦、越简单,你的品牌越容易进入顾客的心智,成为某一品类的代名词。其次,小米把营销和渠道都放在互联网上,开创了互联网手机惜售模式,通过模式的创新来改变传统手机的成本结构,达成最高的性价比。小米也成为互联网手机的代名词,小米科技也成为典型的移动互联网公司。

(3) 小米品牌的三大体系建设。

小米的品牌理念体系非常简单,"为发烧而生"是小米的产品理念,也是小米的品牌理念,这一理念是品牌核心价值又是品牌口号,如此简单,乃至于小米手机与发烧友建立了紧密的关联认知。

小米的品牌传播体系以创意见长。"小米人都喜欢创新、快速的互联网文化。小米拒绝平庸,小米人任何时候都能让你感受到他们的创意。"在品牌传播中,我们确实看到了这种创意。线上从MIUI开始,小米就鼓励公众(尤其是发烧友)参与开发,他们每周五发布新版本供用户使用,开发团队根据反馈的意见不断改进。此后的米聊和小米手机皆如此,这就形成了以发烧友为原点进而带动的口碑营销的模式。线下小米借鉴了车友会的模式,举办各地小米粉丝的同城聚会,把他们的消费方式变成聚会娱乐方式,营造了一种新的发烧友生活方式。这样既增加了群体的粘性,在聚会过程中提供各种手机配件和相关礼物,通过大家的互动交流,也使米粉变更抱团。

小米的品牌管理体系是一种全员驱动的品牌管理。作为小米的创始人,雷军时刻不忘利用自己的影响力来推广小米,成为小米名副其实的代言人。

除了雷军外,还有雷军的朋友们成为小米的铁杆粉丝群。更为重要的是,小米形成了一种以用户反馈为驱动的参与研发机制。用户的反馈会驱动小米整个组织快速改进,这样小米的产品就衍变成一种顾客导向并不断进化升级的有机体。

3. 小结

透过小米品牌的快速崛起,我们来反思初创企业的品牌建设。其关键是要抓住本质、找到突破、建立体系。实践中,当我们深刻理解了品牌本质是产品或服务在顾客头脑中的烙印,然后通过品类占位和聚焦突破来争取品类地位,形成品牌特色,最后再通过"品牌理念体系""品牌传播体系"和"品牌管理体系"三个体系保障品牌建设时,在短期内树立强势品牌也是可以做到的。

模块 4
创业市场

模块内容

主题 1　目标市场

主题 2　渠道定位

主题 3　4P 营销

主题 4　4C 营销

主题 1　目标市场

学习目标

（1）学会从宏观和微观两个角度分析市场。
（2）学会从市场角度分析企业成功的关键因素。

1. 主题解读

市场是由消费者组成的，这些消费者愿意并且有能力购买产品（或服务）来满足他们的需求。分析目标市场，可从宏观和微观两个角度入手。

（1）宏观层面的市场分析。

宏观层面的市场分析主要有两个目的：一是判断创业企业能够实现的市场规模；二是发现可能影响市场的一些关键趋势。

市场规模有多种测量方法：①市场上消费者的数量；②消费者在相关产品或服务上的总开支；③相关产品或服务的年购买量。

可能影响市场的关键趋势包括人口趋势、经济趋势、社会和文化趋势、法律法规趋势和环境趋势，这些趋势涉及的核心问题见表 4-1。

表 4-1　关键趋势的核心问题

趋势类型	相关问题
人口趋势	在年龄、收入、性别、教育程度和种族划分等各个不同的人口统计类别中，人口趋势是增长还是下降
经济趋势	如何描述你市场里的收入和财富分配？可支配收入有多高？所在市场的消费形式（如房产、医疗、娱乐等）是什么？城乡人口的数量比例关系如何

续表

趋势类型	相关问题
社会和文化趋势	参与各种生活方式或其他活动的人们的数量增加或减少的趋势是怎样的？这些趋势对消费者行为有何影响？如何影响新企业渐进形成的商业模式？
技术趋势	主要的技术趋势是什么？哪种技术代表着重要市场机会或扰乱市场的危险因素？客户正在采用哪种新出现的技术？技术发展对各种商品和服务的需求产生哪些巨大的影响？
法律法规趋势	哪种监管法规趋势影响你的创业？什么规则可能会影响新公司的商业模式？哪种法则和税收制度会影响客户端的需求？
环境趋势	全球变暖、自然资源的损耗和其他自然趋势对需求产生哪些影响？

宏观层面的市场测评对创业者是非常重要的，因为市场规模的大小决定拥有不同志向的创业者是否值得去进行创业冒险。

（2）微观层面的市场分析。

大多数成功的创业者不会去谋取整个市场，而是在整个目标市场中瞄准部分消费者。微观层面的市场测评是为了发现目标细分市场。具体需要考虑四个关键问题：①有没有一个发展潜力较好的目标细分市场能让新公司进入，并以消费者愿意接受的价格向他们提供明确的、有吸引力的利益？②这些利益对于消费者来说是不是与其他现有的解决方案不同——更好、更快或更经济？③进入这个细分市场是否有利于将来进入其他细分市场？

2.【主题案例】聚美优品，为美丽绽放

2011年，一则广告语悄然走红——"我是陈欧，我为自己代言"。帅气时尚的代言人陈欧是聚美优品的CEO，他于2010年3月在北京创立中国第一家专业化妆品网站——聚美优品，以团购形式运营垂直类女性化妆品B2C，打造另类的时尚购物平台。聚美优品以"聚集美丽，成人之美"为宗

旨,坚持以用户体验为最高诉求,每天在网站以低折扣限时限量推出若干款热门化妆品,致力于为用户提供更优质、更专业的售后服务,让变美更简单。2011年,聚美优品优雅转身,自建渠道、仓储和物流,自主销售化妆品,出色的业绩吸引了法国兰蔻等国际化妆品牌的加盟合作。聚美优品从最初的日销售额不足百元到销售总额过亿,迅速成长为中国最大的化妆品团购网站。

问题:从市场角度分析聚美优品成功的因素有哪些?

【案例分析】

聚美优品成功的因素归纳起来有很多,但高度契合市场需求无疑是其中最关键的成功因素之一。

首先,分析宏观的市场。

电子商务改变了人们的消费习惯,网络购物以其简单、快速、方便的优势成为新的时尚购物方式,备受年轻人欢迎。政府对于电商行业的大力支持和各种政策优待,也使电子商务环境日益成熟。移动终端技术的发展,使智能手机成为便捷的交易终端,满足消费者随时随地购物需求,提高了网购的便利性。

化妆品作为快速消费品之一,其市场潜力无限。根据调查数据,2010年我国化妆品市场规模接近1300亿元,是全球第三大化妆品消费市场。聚美优品将市场定位于极具潜力的化妆品市场,可以避开与天猫、京东等电子商务巨头们的"正面冲突"。同时,国内化妆品B2C市场一直缺乏一个知名的垂直类网购品牌,2010年进入这个领域还大有机会。

其次,目标细分市场定位准确。

聚美优品找到了女性最舍得花钱的细分市场。它的目标用户主要集中在20~35岁之间爱美、爱护肤、爱时尚、有网络购物习惯的年轻女性,主要提供最畅销的 20% 美妆产品。艾瑞咨询发布的《2010—2011 年中国网络购物用户行为研究报告》的数据显示，2010 年，女性用户相比于男性用户更热衷于网购；在网购累计金额 5000 元以上、网购频次 30 次以上的高区间分布中，女性用户所占比例均高于男性；在女性的消费中，化妆类排在第二位。

再次，差异化利益独特明显。

经过市场调查，陈欧发现，女性化妆品电子商务客户的最大抱怨是货源质量得不到保证。如果能在货源和服务上把关，提高竞争门槛，出售折扣正品，市场潜力将会非常大。因此，聚美优品坚持正规进货渠道，保证向用户供应 100% 正品，坚持 100% 实物拍摄，取得消费者的信任。

随着中国化妆品网购逐步走向成熟化和规范化，其市场的竞争焦点也从"100% 正品保证"全面转向"官方授权""品牌旗舰店"和"用户体验"上。聚美优品适时地全面升级与国内外知名品牌商的合作关系，启动官方授权的品牌旗舰店战略，尽可能将这些美妆大牌实体店的系列产品一网打尽，让用户享受到"一站式"正品低价网购所带来的超值享受。同时，聚美优品提供高标准的售后服务，推出了假一赔三和 30 天拆封无条件退货等服务政策，服务的创新常常超出用户的预期，大大提升了用户体验。

最后，借助高流量进入其他细分市场。

借助积累的市场人气，聚美优品不仅经营女性化妆品，还扩大经营所有与女性相关的产品。聚美优品还经营男性化妆品，甚至经营服装、家居、食品等多种商品，正从垂直电商向平台电商转型，相信有目标市场分析的经验，他们还大有可为。

3. 小结

市场分析既要看到宏观层面，更要注重微观层面。现实中，很多技术驱动型公司所犯的错误是对宏观层面的市场分析有余，而对微观层面的市场分析不足。他们没有找出第一批要购买其产品的消费者，以及他们从中受益的原因，也忽略了进入这个细分市场可能为将来进入其他细分市场创造一个或多个机会，这可能冒险走进死胡同。因此，创业者要谨记：①要为消费者提供差异化的利益，满足其需求；②让投资者看到足够的市场增长空间，以争取资源。当然，大多数细分市场小，不足以长时间地维持企业的高增长。尽管如此，对寻求建立小市场的企业家或者躲避较大竞争对手的作坊式企业来说，这些细分市场还是有吸引力的。

主题 2　渠道定位

学习目标

（1）理解渠道建设的本质。
（2）掌握渠道定位的基本原则。

1. 主题解读

什么是渠道？渠道就是把产品或服务卖给客户的途径，有实体渠道，也有互联网渠道。前者如各类大卖场，苏宁、国美实体店等；后者是借助网络平台，天猫、京东就是典型的代表。渠道扮演了中介的角色，为买卖双方起到了沟通、分销和交付的作用。俗话说，"酒好也怕巷子深"，"酒好"代表好产品，"巷子深"表示渠道选择出了问题，结果就是好酒不好卖。

你听说过"渠道为王"这个词吗？它表明了渠道在价值链条中的重要地位。既然如此，那如何来定位渠道呢？

渠道的选择需要遵循"产品—定位匹配"和"收入—成本匹配"两条基本原则。前者表明，产品的卖点不同，对渠道要求的功能重点也不尽相同。比如，传统产品推向市场，市场竞争程度高，选择电视渠道主要是为了获取客户的关注，建立产品的认知；而数字产品，研发投入高，回收成本要求短时间，选择最能方便客户购买和形成口碑分享的渠道就至关重要。后者表明，利用合作伙伴的渠道，有利于借力扩展客户的范围，增加收益。反过来，天下没有免费的午餐，需要支付相应的渠道费。如果渠道由自己组建和经营，好处是可控性强，肥水不流外人田，但是建立和运营成本都比较高。

在互联网和移动互联网时代，小微企业还需要特别关注新媒体渠道，如微博、微信等。新媒体已经深刻变革了传统的营销方式，电视等传统媒体的优势正在迅速减弱。如果不能适应新的游戏规则，就是电视这样的巨无霸最终也会变成配角，商业就是这样。

互联网时代催生了新的消费者行为模式——AISAS（如图4-1）。

图4-1　AISAS消费者行为模式图

其中，A代表Attention，在认知阶段，提升公司产品（或服务）在客户中的认知，目的是引起客户的关注；I代表interest，在评估阶段，帮助客户评估公司价值主张，目的是引起客户的兴趣和购买欲望；S代表search，意思是寻找卖家，主动搜索，货比三家，买的也学卖的精；A代表action，在购买阶段，协助客户购买特定产品和服务；S代表share，在分享传递阶段，帮助成交客户向其他潜在客户传递商品价值。在该模式中，两个具备网络特质的"S"——search（搜索），share（分享）的出现，指出了互联网时代下搜索（search）和分享（share）的重要性，而不是一味地向用户进行单向的理念灌输，充分体现了互联网对于人们生活方式和消费行为的影响与改变。

2.【主题案例】《江南Style》红火之谜

韩国歌手朴载相（Psy）拍摄的这个MV发布于2012年7月15日，在短短几个月之内就风靡全球。截至2012年10月15日，这个视频在YouTube上的点击已经超过4.6亿次，成为YouTube历史上最受欢迎的视频。不仅如此，这首歌还荣登英国流行乐榜冠军及美国流行音乐榜亚军。

这是第一次有一首韩国歌曲能够占据美国电视黄金时段。

当然，更重要的是，朴载相 Psy（鸟叔）本人也获得了极大的商业回报。虽然数字不同，但多个信息源都显示鸟叔几个月仅靠这首歌就赚到了超过 5000 万元人民币的收入。对于鸟叔本人和现在数以亿计的受众来说，这个 MV 所获得的成功都是出乎意料的。

【问题】《江南 Style》选择新媒体营销的考虑因素有哪些？

如果按照传统的营销策略，一首新的歌曲或者 MV 推出，首先伴随的应该是大规模的广告投放，尤其是在包括电视在内的各大传统媒体上，然后是其他的各种辅助性的营销行为。这样一来，不但时间比较长，而且需要音乐公司投入巨额的渠道营销费用。

《江南 Style》选择新媒体作为其营销渠道，让消费者成为主角，将互联网渠道的"AISAS"作用发挥到了极致。通过新媒体及消费者的口口相传，这个 MV 获得了巨大的传播效应，最后电视在内的传统媒体才开始介入，成为了辅助性的营销行为。通过新媒体的营销，短短 3 个月，《江南 Style》火遍全球，而且营销费用很低。

可见，就音乐行业本身来说，《江南 Style》的火爆从一个侧面说明了原有的音乐营销体系的崩溃，而 YouTube、潘多拉这样的渠道已经深刻地改变了音乐行业。

《江南 Style》选择新媒体渠道，很显然跟产品卖点高度相关。《江南 Style》这款数字音乐产品，其产品的独特卖点、使用户产生关注和兴趣之处就是"简单易学＋轻松快乐＋版权宽松方便传播"。

首先，舞蹈动作和歌曲简单易学。《江南 style》的 MV 画面语言非常简洁，即使不懂韩语的人也很容易理解这些元素。重要的是，《江南 Style》以简单易学且搞笑的骑马舞和简单易上口的歌曲将上述娱乐因素很好地进行了包装，形成了一款简单而有趣的产品。从文化传播的角度看，搞笑的骑马舞形成了一个很好的潮流引爆点。

其次，整体氛围和情绪轻松快乐。《江南 Style》本身包含了很多大众普适性的元素，比如，美女、搞笑、夸张、讽刺。总之，这首歌形成了一种轻松欢乐的气场，营造了一种很容易让不同文化背景、不同年龄的人加入进来的氛围和情绪。

最后，在版权方面持宽松态度。无论是"草根"还是明星模仿丝毫不会担心版权问题，加上舞曲的简单易学性，导致了全球范围内的模仿风潮，也同样推动了这个 MV 的快速传播和火爆。

3. 小结

小微企业主选择渠道时，不仅要重视传统渠道，如电视、报纸等，更应关注新兴渠道（如新媒体）的魅力和威力，根据产品的定位、目标客户的购买心理特性，把握不同渠道的传递功能重点，考虑成本和收益，精准地通过渠道传递价值，渠道通方能利润红。

主题 3　4P 营销

> **学习目标**
>
> （1）了解 4P 的基本内涵。
> （2）认识 4P 要素组合对营销的影响。

1. 主题解读

简单地讲，营销就是通过某种方式让更多的人了解产品并产生购买的商业行为。杰罗姆·麦卡锡于 1960 年在其《基础营销》一书中将这些要素概括为 4 类：产品（Product）、价格（Price）、渠道（Place）、促销（Promotion），即著名的 4Ps。1967 年，菲利普·科特勒在其畅销书《营销管理：分析、规划与控制》进一步确认了以 4Ps 为核心的营销组合方法。

下面我们简要分析 4Ps 的含义。

产品：注重开发的功能，要求产品有独特的卖点，把产品的功能诉求放在第一位。

价格：根据不同的市场定位，制定不同的价格策略，产品的定价依据是企业的品牌战略，注重品牌的含金量。

渠道：企业并不直接面对消费者，而是注重经销商的培育和销售网络的建立，企业与消费者的联系是通过分销商来进行的。

促销：企业注重销通过售行为的改变来刺激消费者，以短期的行为（如让利，买一送一，营造营销现场气氛等）促成消费的增长，吸引其他品牌的消费者或导致提前消费来促进销售的增长。

2.【主题案例】"商务通"的营销奇迹

1998—2001年,出自恒基伟业公司的"商务通",一举成名,市场占有率一度超过70%,"手机、呼机、商务通,一个都不能少"深入人心,一时间成为掌上电脑的代名词,堪称业界营销奇迹,成为商学院和同行研究甚至模仿的经典案例。

请问,"商务通"的营销奇迹是如何产生的?

【案例分析】

"商务通"的成功是4P营销组合集成式创新的结果,它不是产品、价格、渠道和促销的简单加总,而是四者互相匹配,协同作用,最终实现了市场的共振效应。

首先,是产品创新。

1998年12月,"商务通"正式推出。作为全中文掌上手写电脑,第一款产品虽然还不尽善尽美,但是产品上的众多创新还是可圈可点,结果用户使用体验非常好。第一,屏幕很大,几乎相当于竞争品的两倍;第二,"百家姓"查询法,做到了"查电话只点一下",竞争品至少要点三下;第三,手写识别率明显高于竞争品;第四,专用的存储器,很好地解决了用户资料备份的问题。

其次,是价格创新。

"商务通"价格定在2000元左右。这一价位虽然看似与竞争品大体相同,但是"商务通""屏幕大一倍、内存大一倍",实质在价格上更有优势,而且2000元是能够作为低值易耗品报销的分界线。同时,"商务通"严格控制零售价格,在广告中公布零售价格并严格代理商、零售商降价销售。这样做一方面维护了产品的价值感,另一方面也维护了代理商的利润空间,为强大的市场推广模式奠定了坚实的基础。

最后，是渠道创新。

当时电子记事本行业的代理商实力都非常弱，很多代理商都是夫妻店，几十万元钱的资本还同时代理了几乎所有品牌的产品。惯用的经营方法是在全国范围内进行批发，薄利多销，见利就走。"商务通"考虑到代理商没实力做全省代理，就把代理权给一个城市，一个城市只给一家，代理商自己打广告开拓市场，把产品卖给最终消费者，不允许跨出代理区域销售。结果证明，小区域代理制解决了代理商力量不足和窜货问题；同时独家代理还解决了代理商市场投入和渠道的活力问题。

付款方式方面，"商务通"采取款到发货，突破行业的代销惯例。这活络了企业现金流，有效解决了厂商和代理商，代理商之间出现的"三角债"问题。

最后是促销方面的广告创新。这表现在以下三个方面。第一，"商务通"雇请美女做形象代言人，大幅度提升广告制作水准。1998年，电子记事本行业除了一两家台湾企业很少有企业使用形象代言人。考虑到"商务通"的主要客户是有钱、有权或有钱且有权的男性，雇请陈好、李湘这些美女代言，可以拉近客户与产品之间的距离，弱化电子产品冷冰冰的感觉。其二，广告设计的水准提高到IT行业水准。与竞争对手相比，"商务通"一看就显得高出一筹，是个大公司的产品。常识启示我们，"美学是向下兼容的"，博士认为好的东西，可能一个小学生也认为好，但是一个小学生认为好的东西，博士未必也认为好。其三，广告播出选择"垃圾时间长时段"。"商务通"的目标用户都是忙碌人士，所以传统的黄金时间他们根本不在电视机前，他们也较少看书读报，所以"商务通"选择子夜、清晨、下午等没有广告主投放的"垃圾时段"，采取"买下所有没人买的时间"的方式获得了不可思议的广告低价，最终"商务通"用很小的代价就获得了"只要你在子夜打开电视，你所扫过的台几乎都在播放商务通广告"的效果。加之"商务通"产品比较新，很多消费者从来没有接触过，用15秒和30秒说不清楚，所以广告时长10分钟，让陈好和李湘像说明书一样把每个功能、每种用法演示清楚，甚至在广告之中插入了两分钟的情景剧，产品的好处让人一目了然。

3. 小结

4P营销是一个组合,不能孤立地看,必需互相配合,只有把产品、价格、渠道和推广都做对了,才能发挥出集合作用,成功才会水到渠成。事实上,商务通的成功突破了当时诸多的行业惯例。比如,采取的小区域独家代理制、货到付款的结算制度、坚持行业内的代理商一家都不使用等,每一步都意味着打破常规。反过来,每一步都意味着冒险,只是这种冒险建立在靠谱的商情判断上。

主题4 4C营销

学习目标

（1）了解4C营销的含义，并可以说出4C所代表的具体含义。
（2）了解4C营销的本质，并掌握4C营销的基本做法。

1. 主题解读

1990年，罗伯特·劳特朋提出了4C理论。他认为，在营销时需持有的理念应是"请注意消费者"而不是传统的"消费者请注意"。4C是指消费者（Consumer）、成本（Cost）、便利（Convenience）、沟通（Communication）。

消费者指消费者的需要和欲望。企业要把重视顾客放在第一位，强调创造顾客比开发产品更重要，满足消费者的需求和欲望比产品功能更重要，不能仅仅卖企业想制造的产品，而是要提供顾客确实想买的产品。

成本指消费者获得满足的成本或消费者满足自己的需要和预想所愿意付出的成本价格。其中包括企业的生产成本，即生产适合消费者需要的产品成本；消费者购物成本，不仅指购物的货币支出，还有时间耗费、体力和精力耗费及风险承担。

便利指购买的方便性。相比传统营销渠道，新的观念更重视服务环节，在销售过程中强调为顾客提供便利，把便利原则贯穿于营销活动的全过程，做好售前和售后服务。

沟通指与用户沟通，不能依靠加强单向劝导顾客，要着眼于加强双向沟通，增进相互的理解，实现真正的适销对路，培养忠诚的顾客。

总之，4C营销理论是以消费者需求为导向，重新设定了市场营销组合的四个基本要素，实际上改变了企业与消费者之间的关系，使传统的以产品为核心的理念向以客户为核心的理念转变。

2.【主题案例】7天连锁酒店的4C营销

7天连锁酒店创立于2005年，目前已建立了覆盖全国的经济型连锁酒店网络。其分店300多家，遍布广州、北京、深圳、上海、南京、武汉、成都、长沙、重庆等国内50余个城市和地区。调查显示，7天酒店已经成为中国经济型连锁酒店行业第2大品牌，拥有中国经济型酒店中规模最大的会员体系，会员数量超过1000万。

请问7天连锁酒店是如何做到如此规模的呢？

【案例分析】

连锁酒店最大的顾客群体主要集中在中小企业商务人士及"背包族"。对于这类消费者而言，酒店环境舒适卫生安全、价格经济实惠、出入交通便利、手续办理快捷高效，是他们选择酒店时最为关注的几个因素。

首先，以消费者需求为核心，注重品牌体验式服务。

全面提高产品质量。7天酒店高度关注顾客"天天睡好觉"的核心需求，并以此为根本出发点力求为顾客打造一个舒适如家的住宿环境。坚持不懈以顾客切身感受为导向，不遗余力在细节上用心，在保持原有价格优势的前提下，通过配置高质量淋浴设备、五星级标准大床；改善营养早餐搭配、提供睡前牛奶；实现洁净毛巾封包；升级隔音设施、室内拖鞋等措施，全面提高各项产品品质及舒适度。

营造快乐服务氛围。7天酒店服务人员数量不多，但年龄基本都是20岁左右的年轻人，充满朝气、善于沟通。不管是前台接待、还是电话咨询都给人热情大方的感觉,有效减少了顾客对异地的陌生感,有助于顾客放松心情,营造一种轻松氛围。

其次,以"经济性"为中心,力求控制客户成本。

为了满足消费者的实惠要求,7天酒店全面控制成本,在硬件设施配置上用心斟酌。摒弃了传统酒店客房中大衣柜、笨重书桌、浴缸等物品,转而将简约、实用、清新、便利的宜家式板式组合家具融入客房设计中,注重增添客房"家"的温馨感和实用性。

再次,以"便捷"为重心,为客户创造方便快捷。

交通环境便捷。7天酒店一般位于交通便利的地方,如市内交通枢纽附近,市内长途汽车站、火车站、大型会所、会展中心等。市内各大地标附近,如重庆解放碑、成都春熙路等,极大程度上满足了顾客出行方便的要求。

预订方式高效。7天酒店成功缔造了中国酒店业第一电子商务平台,同时还建立了互联网络、呼叫中心、短信预订、手机WAP及店务管理等一体化系统,顾客足不出户就能通过4种便捷方式完成客房资源的实时查询、预订、确认、支付等流程。既节约了顾客的时间、精力,又节约了7天酒店的人力资源成本,而且非常符合当代消费者"网络化"的生活特点。

网络信息分享便利。做法一:连锁分店信息全面化。7天酒店在其主页上提供了各家分店的详细信息,包括整体情况介绍、电子地图、会员评价、预定情况、房间价格、设施配套情况、乘车路线等,让顾客在预定之前能做出高效地选择,提前熟悉异地环境;做法二:城市资讯向导化。为了给顾客提供更加丰富的信息,使其有个精彩的异地游经历,7天酒店联合口碑网将相关城市的特色餐饮、娱乐、交通及其他的生活资讯通过网络与消费者实现共享,成为名副其实的"网络导游"。

最后,以"真诚相待"为宗旨,实现交流方式多样化。

网络信息丰富实用。7天酒店主页设置了"会员分享"板块,为非会员顾客提供了经验分享的自由平台。同时,"24小时客服小秘书"及时在线回答最新活动、积分管理、预定导航、人住宝典等各类业务问题,让顾客通过网络与7天酒店零距离接触。

信息反馈积极互动。针对网上预订且本人居住的顾客，7天酒店设计出了"7天连锁酒店服务质量调查"问卷，并配备了增加积分政策，鼓励顾客在亲身住宿体验之后积极填写反馈；同时，7天通过不定期召开会员主题座谈会、《7天四季》刊物面向全体顾客征稿等面对面、心连心的接触形式认真倾听来自顾客的声音，以作为它不断改进的重要参考。

精彩活动推陈出新。7天酒店通过开展一系列公益捐款、会员优惠、半价兑换、获取电子抵用券、征稿等增值活动，有效调动顾客的参与积极性。这种做法是比较明智的，既保护连锁酒店的价格体系的稳定，又对消费者变相提供不同质量水平的服务。

总之，作为酒店业的创新产物，经济型连锁酒店在未来还拥有着很大的发展空间，而经济型连锁酒店重要的核心竞争力就是打造以客户需求为核心的4C营销策略。只有以客户需求为导向，才能把握市场的动向，赢得商机。

3. 小结

4P市场营销管理从本质上来说是一种观念，一种态度或一种企业思维方式，它的核心是正确处理企业和顾客之间的利益关系。要达到4P市场营销的成功应该采用4C策略的有机结合。企业要全面树立以顾客为中心的价值观，做生意就是要创造顾客、维持顾客及发展忠诚顾客。实践中，以顾客需求为导向，通过运行顾客的满意系统，赢得忠诚满意的顾客群。从企业文化来讲，企业必须透露出一种以顾客利益为中心的真诚和可信。

模块 5
创业资源

模块内容

主题 1　资源整合

主题 2　创业所需资金的测算

主题 3　融资渠道选择

主题 4　选择投资人

主题1　资源整合

> 学习目标
>
> （1）了解创业资源整合的关键要素。
> （2）掌握创业资源整合的步骤。

1. 主题解读

资源是创造价值的重要基础。资源整合是创业运营中资源优化、重新配置的过程。利益相关者之间的资源整合，最大的特点就是优势互补，共同为客户提供更加便利、优质的服务，甚至可以共享客户群资源。

整合资源要建立在利益的基础上，必须构建有效的利益机制。实践中，资源整合的步骤：第一，寻找利益相关者。这些利益相关者既有资金提供方，如商业银行、风险投资商等，也有价值链环节的重要参与方，如研发伙伴、制造伙伴、渠道伙伴等。第二，识别利益相关者的利益诉求。商业中的资源整合归根结底都是经济利益问题，要在互动中深入了解参与方的利益诉求。第三，构建共赢的机制。机制是成功的制度保证，有时候很难做到同时共赢，这时不妨尝试让其他利益相关方先赢。第四，持续沟通、维持信任。沟通有利于避免误会，凝聚信任，保持长期合作。

无论如何，都需强调的关键问题是"资源整合内的利益相关方，在客户的消费时间上不宜构成竞争关系"。

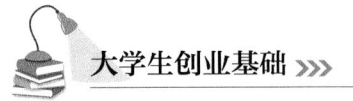

2.【主题案例】"勤工助学工程——看起来很美的空中浮云"

北京、上海、广州等大城市，低端劳动密集型行业的每年用人需求量高达几十万人，尤其是保安、停车场管理员、医院护工这些工种。劳务市场虽然很好招聘，但是人员流动性非常大，企业经常需要花高价钱弥补人员流失的缺口。同时，随着经济社会的发展，新生代农民工离开农村，融入城市已经成为不可逆转的潮流。然而，他们却面临"学历低、没技能"的实际困难，很难获得体面的工作，更别说在城市扎根立足。

"问题就是机会"，某劳务公司决定实施"勤工助学工程"项目，搭建平台，整合资源。平台的重要参与方包括贫困地区的年轻人、大城市中的用工企业，以及成人教育培训机构。该公司希望能够从贫困地区向大城市转移600万年轻人，发展2万个合作伙伴，进驻中国100座城市，实现商业价值和社会价值的双丰收。

【问题】请问"勤工助学工程"的资源整合平台靠谱吗？

【案例分析】

整合资源要建立在利益的基础上，必须构建有效的利益机制。对进城的农民工而言，可以获得在北京、上海等大城市工作的机会，获得不低的工资收入，同时还可以解决了学费问题。该项目中他们最为看重的是通过"半工半读"，获得学历或技能的机会，增加在在城市中立足的砝码。他们可以利用每周两天的学习时间，学习文化课程，根据自己的兴趣学习技能，考取相关的职业资格认证，如计算机、驾驶员、物流师等职业资格证。对用人企业而言，需要接受"每周给员工两天学习时间"的条件，换来的好处是员工的稳定率较高，流动性减少。对于成人教育培训机构而言，他们能够获得充足的生源和学费。当然，对于发起"勤工助学工程"的劳务公司而言,他们短期的盈利点是在学生毕业时期收取少量的服务费。长远来讲,希望借助这个平台,运作其他商业性项目,如逐渐接手学生的教学工作,成为品牌影响力巨大的培训机构。

应该说,这个项目看起来兼顾了各方利益,似乎天衣无缝,事实上却存在一个致命的关键问题,那就是利益相关方在学生的时间上处于严重的竞争关系。学生每周的时间是有限的,学生会有意识地将更多的时间分配在学习上,这就造成用工单位、培训机构抢夺学生的时间,甚至是学生和用工单位也在抢夺时间。平台内的合作方从客户的时间角度来看,处于一个竞争关系,而不是互补的关系。这样的资源整合,难以达到"1+1>2"的效果,结果是项目运行不到两年就以失败收场。

3. 小结

资源是稀缺的,尤其是那些关系创业成败的关键资源。对于创业者而言,几乎难以等到资源充裕的时候才开始创业,因此整合利益相关方,共同完成客户价值的创造和获取才是正道。具体操作中,良好的利益制度安排是整合资源成功的保证,但前提条件是利益相关方在客户的时间消费上不要构成竞争关系。

主题 2　创业所需资金的测算

学习目标

（1）了解创业所需资金测算范围。
（2）掌握合理测算资金的基本技能。

1. 主题解读

创业所需资本主要有两种用途：一是营运前支出或称投资成本，即企业开始营运之前，需要投入一定数量的资金用于开办企业的各种支出，包括开办费和构成资产的支出，主要用于购买或租用土地、建设厂房、装修厂房、购买机器设备、登记注册费、通水通电、前期广告宣传等；二是营运前期支出或称运营成本，即企业投入运营之后，在实现资金收支平衡之前，要维持企业正常运转还要继续追加的投资，主要用于购置原材料、员工薪酬、日常办公费用、电话费、水电费、税收费用等。

（1）启动资金的测算。

启动资金用于购买企业运营所需的资产及支付日常开支。测算启动资金时，要注意以下几点：一是尽量节省支出，尤其是在固定资产上。企业最主要的固定资产投资就是场所和设备。在满足经营要求的情况下，可以考虑通过租用厂房、采购二手设备来节约资金。二是尽量减少库存。库存越多，需要的流动资金就越多。所以，创业者应该尽量将库存降低到最低限度。三是不能低估运营前期支出。创业者通常只考虑营运前支出，而忽视或低估营运前期支出，以至于企业在刚营运不久就在支付员工工资、偿还贷款、支付租金等方面出现问题,最终因此而倒闭。

因此,创业之初一定要预测企业在达到收支平衡之前一段时期内的各项支出,以保证提前筹集到充足的资金并预留所需的流动资金。

(2)运营过程的资金测算。

新创企业要测算企业的营业收入、营业成本和利润,预估财务报表,为测算相关资本需求量提供一定依据。其中,现金流量是新创企业面临的主要问题之一。现金短缺可以使一个本来有前途的企业因此而破产。因此,对于新创企业来说,制订现金流量计划是非常重要的。逐月估计现金流量可以显示每个月预计会有多少现金流入和流出,使创业者明确资金流动情况,不会使企业陷入突然的现金短缺困境。这就要求在制订现金流量计划时要充分考虑到各种因素的影响,做出各种情境的假设,以便创业者提前做好应对不同情况的准备,防止企业陷入可能的灾难。

2.【主题案例】小王的资金测算

小王是一名会计学专业毕业的大学生,想自己开办一家会计公司。在开办公司前,他还对开办公司的必要支出进行了估算,大致见表5-1。

表 5-1 开办某会计公司必要支出估算

支出项目	20平办公室	两台电脑	财务软件	办公桌椅3套	打印机两台	税控机	传真机	办公及耗材
金额	3000元/月	5000元/台	3000元	300元/套	共3500元	3000元	1000元	1000元/月
合计	3000	10000	3000	900	3500	3000	1000	1000
支出项目	饮水机	桶装水(4桶/月)	电话费网费	水电费	广告费	工资	社保	开业准备
金额	500元	15元/桶	320元/月	200元/月	1500元/月	3500元/月	1000元/月	1000元
合计	500	60	320	200	1500	3500	1000	1000

于是，小王简单算了一下：他创办会计公司所需要的资金是 33480 元。

对于日后的收入，小王也进行了调查。大约每增加一家客户可以取得约 250 元/月的收入，为每户服务的基本费用大约为 20 元/月。另外，客户在 60 户以内时基本上不用增加会计和外勤人员。

看来开办公司的资金需要不太多，而每一客户可以赚的钱却相当可观。小王对自己的专业知识和开拓市场的能力非常自信，他相信自己的公司一定会很红火。为以防万一，小王在筹集资金时还留出了不少富裕，共筹集了 50000 元的资金。

可是，令小王没想到的是，刚刚经营几个月，公司资金就出现了断流，连支付房屋租金的钱都不够了。

问题：1. 小王在资金计算时还应考虑哪些因素？ 2. 请帮小王计算一下开办这样的会计公司大概需要多少资金？

【案例分析】

上面我们学习了"创业所需资金的测算"，下面来具体分析小王的创业资金测算存在哪些问题。

（1）对营运前期支出估计有误。

小王计算的资金需求仅仅是开业筹备阶段（1 个月）的支出，这些支出可分为两类：开办费和构成资产的支出。其中，电脑、软件、办公桌椅、打印机、税控机、传真机等的支出构成企业的固定资产；开业前支付的房租、办公用品、第一个月的饮用水、电话费、网费、水电费、广告费及注册登记等开业前的基本费用的支出为开办费支出。这些在开业前已经支付，而在开业后多长时间能够做到资金收支平衡，不再需要追加投资，小王未予估计。

此外，和大部分创业者一样，小王忽略了自己基本的生活支出。一般来说，创业者在创业前会有一份工作，这部分工资收入是其创业的机会成本，应当作为一项潜在支出考虑；或者说，创业者每月基本的生活和劳保支出应计算在创业所需的资金之内。

具体到小王的案例，其每月固定支出包括房租3000元、办公用品1000元、每月的饮用水60元、电话费和网费320元、水电费200元、广告费1500元、雇员工资及社保费4500元、创业者基本的生活及劳保支出——按雇员的平均值计算每月2300元左右，因此，企业每月基本支出为12880元。

（2）对现金流和资金收支平衡点的计算有误。

创业前要开展市场调查，对初期业务量进行分析，确定业务量大小，并据此估算现金流入量，从而计算资金收入能够弥补支出的时间点，即收支平衡点。

在小王做的相关调查中，每增加一家客户可每月收入250元左右，支出费用约20元/月，客户数在60户以内不用增加会计和外勤人员，即每笔业务资金流入230元。

根据以上数据，客户数达到56家可实现收支平衡（12880÷230）。小王需要根据市场调查得到的客户增加情况计算营运前期所需时间，这么重要的工作他恰恰没有做。假定通过调查，类似的会计公司每月可增加6家客户，则小王的公司要达到资金收支平衡需要约10个月（56户÷6）的时间，这就意味着小王在企业开始经营后依然需要在前10个月继续追加投资，金额为128800元（12880×10）。可见，对于很多企业来说，营运前期支出远比营运前支出要大得多。

（3）对营业税费、业务开拓和公关费没有估算。

代理业的营业税率为5%，加上城市维护建设税和教育费附加，综合税率约为5.5%。这就意味着，如果月收入10000元，营业税费在550元左右，此项费用应计入预估资金中。

小王还应根据其所在城市类似企业业务经费的开支状况估计业务开拓或用于公关的费用，以尽快增加客户，缩短营运前期的时间，使企业在较短的时间内获得利润。

（4）没有准备一定的风险储备金。

企业在创立初期面临的不确定性很大，风险较高，需要在初期保留较多的货币资金，并按照（前期支出）的 10% 准备一定的风险储备金。另外，创业初期的资金较为紧张，创业者应尽可能减少各项支出项目，厉行节约办企业。本案例中，风险储备金（33480+128800）×10%=16228（元）。

总之，小王创办的会计公司最少需要筹集的资金数额至少为 179058 元。即（营运前支出）33480+（营运前期支出）128800+（税费、业务开拓和公关费）550+（风险储备资金）16228=179058（元）。

3. 小结

就本案例而言，小王公司资金断流的主要原因是其对创业所需资金的计算有误，没有充分考虑营运前期的资金投入。由于创业者对自己能力的过分自信和对企业经营的乐观估计，将营运前期的时间估计过短或干脆忽略掉营运前期，导致对创办企业所需的资金数额估计过小，导致资金断流。

目前，很多企业采用商业信用方式开展销售和采购业务，这就意味着企业实现的销售收入，很多无法在当期收到现金，导致现金流入并不像预测的销售收入一样多。在这个断档期内，创业者依然要继续追加资金投入。否则，即使经营业绩很好，也可能因为无法支付到期债务而导致破产。所以，筹集足额的创业资金是企业顺利开张并持续经营的前提。但并不是创业之初筹集的资金越多越好，因为获取资金是有成本的，过多资金甚至会降低经营效率。

主题 3 融资渠道选择

学习目标

（1）了解常见的融资渠道。
（2）掌握选择融资渠道的基本策略。

1. 主题解读

要创立一家公司或者引入一个新的产品，融资必不可少，有几种可能的融资方式：合伙人筹款、向亲戚朋友借款、个人银行贷款、政府创新基金和众筹模式。如果需要更多的资金或者有更大的发展目标，创业者可能需要转向天使资金（专业投资的个人资本）或者风险投资公司。

图 5-1 描述了一个项目如何从初创的种子期发展为成熟期，并且成功上市。在这一过程中，出现了三种重要的创业者融资途径，分别是天使投资（Angel investment）、风险投资（Venture capital）、私募股权投资（Private equity）。在大众语境中，天使投资、风险投资和私募股权投资三者都可认为是风险投资，也就是人们常说的风险投资，在国内官方又叫创业投资。三者是根据被投项目所处的阶段来划分的，天使投资是种子期，风险投资是早期/成长期，PE 是成熟期。尽管如此，三者的区别并不仅仅体现于时间的先后，不同阶段的投资往往是由不同投资者的投资的金额、来源及投资者的关注点来决定的。

种子期的项目，往往只有一个想法和初始团队，有些只有一两个创始人，想法能不能转换为一个有意义的商业行为，具有高度的不确定性。往

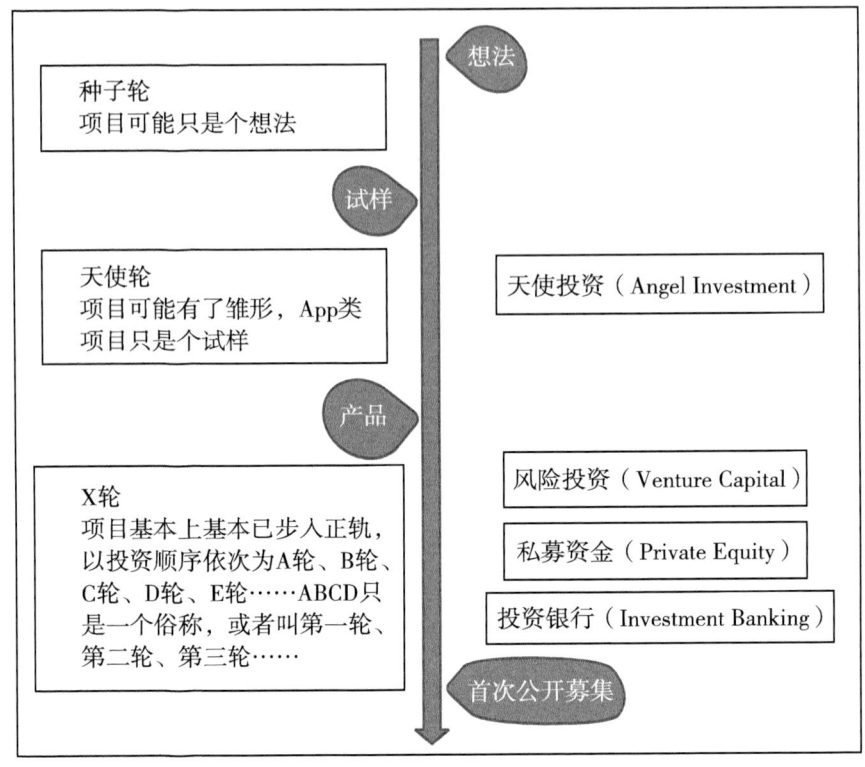

图 5-1　一个项目的完整投资过程

往需要通过一段时间的尝试，对想法后的各种假设进行验证，从而探索出真正可行的方向。在此过程中，项目的方向和内容随时有可能面临调整。而且项目由于缺少历史和连续性，唯一可供投资者参考的确定的因素就是团队，主要是创始人。因此，种子期的投资主要看人，但人是极其复杂的，要想对一个人作出判断就必须深入了解他，和他打交道。由于这个过程依赖大量的经验和直觉，很难进行理性的分析，因此做这个决策的一般都是个人投资者，这也是"天使"这个称号的来历。此外，由于尝试和探索所需的资金量一般不是太多，个人投资者出得起，且项目越早期风险越大，所以天使投资的金额一般也较小，一般都在500万元人民币以下。

　　天使投资也属于风险投资的范围，只是更早期、风险更大，同时回报也可能更高。天使投资的来源更广泛，早年最常见的三类天使投资人——

3F（families 家人；Friends 朋友；Fools 基金）。随着越来越多的互联网公司上市，大量掌握大笔资金，且熟悉上市流程，和投资机构关系密切，了解行业动向，具有大量人脉的前互联网公司高管们开始成为专业的天使投资人，他们是最合适的天使投资人选，也会有相当多的好项目被他们挖掘而获得成长。

同时，天使机构化的趋势也开始明显。一些新的天使投资开始就以"正规军"的方式作战。一些以往A轮起投的风险投资机构也开始向天使扩展，所以天使投资和风险投资的界限也开始模糊，天使和风险投资主要用在界定投资金额的多少。比如，通常天使投资是100万~200万人民币，A轮是100万~200万美元，B轮是500万~1000万美元，等等，但是也并不确定，有的创业项目的天使投资就达到了上千万美金。

除了资金多少的区别，还通常会按照项目的状态来界定项目的阶段及投资款的用途。天使阶段的商业模式还没有建立，资金更主要用来搭建团队。通过大量试错，为A轮较大资金进入，为具有可复制的商业模式基础做准备，要能证明后续资金可以高效使用才值得引进新的投资，也才容易拿到后续的风险投资。

成长期则似乎没有公认的定义，多是当一个项目经历过种子期的摸索，探索到一条有较大可行性的道路时，便进入成长期。可以说，种子期是纸上谈兵，成长期则经过了实践，从市场的反应中看到了希望。企业进入成长期以后，战略基本成型，准备着手投入资源去实现这个战略。其中，资金是关键资源。这个时候投进去的，就可以算作是风险投资了。所以风险投资是企业战略初步成型以后用以支撑企业去实施战略的投资。此时，企业刚刚在市场上取得一些成绩，或者让人看到了一些成功的苗头，但企业自身的资源不足以支撑，需要引进外部的资源。对投资者而言，企业战略所隐含的关键性的假设通过市场已经有所验证，此时可以对项目进行理性的分析，并能够对面临的风险进行相对准确的评估。这就有了机构化投资的基础，也就是实际的出资人可以委托专业的投资人士进行操作并对投资人士实施监督，从而在投资领域产生了委托代理关系；这个阶段企业需要的资金量相对比较大，如果由个人投资者投资将很难分散风险，那么投资的机构化也成为必然。因此，风险投资一般都是以基金的方式实行机构化运作，投资额一般在千万量级。

通常所说的 PE 是指投成熟期项目的资金。此时，企业在市场上已经取得了一定程度的成功，企业通过稳定的经营已经能够从市场上可持续地获取经济资源，并已经取得了一定的市场地位，短期内不再面临生存的问题。此时，企业融资的需求相对多元化，有些是为了规范上市，有些是为了实施并购进行产业整合，有些则可能是延伸业务线，不一而足。但它们都有一个共同的特征，即企业进行 PE 融资的目的都是为了上更高的台阶。对投资者而言，此时企业自身拥有的经济资源已经较多，尽管投资的金额一般较大，但是小企业靠自身积累或者银行贷款就能解决。但通过对赌、回购等契约条款能够将投资的风险大小锁定在一定的范围内，因而风险较为可控，PE 投资者期望的是在较短时间实现较高收益，图的是快进快出。此外，此时企业某种意义上并"不差钱"，融资往往是着眼于长期战略或者产业资源整合，因此会要求投资者不仅仅出钱，还需要具备一定的产业背景或其他资源，以协助企业顺利完成其目标。如果说天使拼的是眼光，风险投资拼的是判断，那么 PE 拼的就是资源。

尽管已经就天使投资、风险投资和私募股权投资三者的性质作了区分，但在实践当中，三者之间并没有严格的界限。尤其是国内的 VC，很多干的都是 PE 的活儿。当然，这几年随着资金的增多与竞争，还有资本市场的发育，国内早期项目融资的环境已经在快速得到改善，而各类资金的专业化程度也在不断增强。

2.【主题案例】橡子园：硅谷华人天使梦之队

橡子园起源于 1997 年，由陈五福、臧大华、王大成等人成立"橡子园天使投资集团"，共同审核投资相关项目；2000 年组建"橡子园孵化器"，带领有意创业的朋友一起创业；2005 年公司改组为"橡子园创投"，形成高新技术创投基金及加速孵化中心的基本架构，致力于将创业企业培育为市场领先的成功企业。

陈五福、臧大华、王大成等几位创始合伙人早年都有丰富而成功的创业经历，也是20世纪七八十年代活跃于硅谷的几位最为出色的华人创业者。他们在获得丰厚收益并进行天使投资的过程中，相互帮助并提供咨询建议，逐渐整合成了一个合作投资的团队。在天使投资的过程中，对于一些尚有不足的企业，这些有着丰富经验的老创业家们甚至会亲自下手来帮助提高，这也是一种风险投资阶段才会有的行动。同时，在孵化的过程中，每个人负责不同的专业领域，利用个人的专长和技术优势对前沿技术进行把握。他们认为，投资的关键在于把鸡蛋放在不同的篮子里面，而一个人的涉猎领域和专长难免有局限，这样的分工无异充分发挥了各人的技术优势，保证了"篮子"的数量和质量。

这种模式下，在风险投资之前，某合伙人（作为天使投资人）已经和创业团队一起工作了一段时间，对于要投资的案例充分了解，连尽职调查都可以省去；而到了风险投资阶段，又可以引入机构投资的力量给予大量投资。这种模式兼顾了个人天使投资的灵活和专业风投机构的力量，同时也最大限度地降低了风险，实现了效率的最大化。

从某种意义上，橡子园的本质是个人天使投资和机构投资的混合体，是一种将天使投资和风险投资各取所长、合二为一的投资方式。目前，橡子园共管理着4个基金近2亿美元，已经投资了30余家高新技术企业，有的已成功被大公司并购，并在国内设有分支机构，成为新兴产业的组织者。

3. 小结

创业者获取资金的渠道有很多，每种渠道各有优劣。融资本身就像一把双刃剑，在为企业带来资金的同时，也会带来义务和风险。对于融资渠道的选择和使用如果不正确，可能给企业带来不同程度的影响。因此，创业者要正确地评估每种渠道，从中选择最适合自己的渠道，以避免不必要的成本和风险。创业融资不是一次性的，而是具有阶段性的特征。创业者还要了解不同阶段的特点，注意融资渠道与创业过程的匹配。

主题4 选择投资人

> **学习目标**
>
> (1) 了解风险投资概念。
> (2) 掌握选择投资人的原则和策略。

1. 主题解读

创业离不开资金,没有创业资金,一切都无从谈起,所以对于创业者来说,筹集到创业所需要的资金是极为关键的一步。然而,创业的不确定性和风险性又使融资变得不那么简单。仅仅依靠银行贷款或集资等方式显然并不能填补创业所需要的巨大资金缺口。而相对于银行贷款,风险投资偏好高风险项目,追逐高风险后隐藏的高收益。

因此,在寻求自身发展时,更多的创业企业把目光聚集向了风险投资。

从投资性质看,风险投资的方式有三种:一是直接投资;二是提供贷款或贷款担保;三是提供一部分贷款或担保资金同时投入一部分风险资本购买被投资企业的股权。不管何种方式,被投资公司都需要出让一定比例的股权作为抵押。

风险投资虽然是一种股权投资,但投资的目的并不是为了控股,也不是为了获得企业的所有权,更不是为了经营企业,而是通过投资和提供增值服务把投资企业做大,然后通过公开上市(IPO)、兼并收购或其他方式退出,在产权流动中实现投资回报。

创业企业获得风险投资的过程是一个被选择和选择的过程,创业企业通过风险投资公司的筛选程序后被风险投资公司选中为投资对象,同时,创业企业通过了解各风险投资公司的特点和状况来选择适合自己的风险投资公司。

创业者选择投资人时,应重点考虑以下几点原则。

成本最小化,收益最大化。

创业者在选择投资人时,要遵循收益大于总成本的原则。一是要衡量企业为获取资金当前需要增加的支出和带来的收益;二是要看将来的支出和可能带来的收益。

融资规模合理化。

考虑到资金的使用成本,不同的融资规模和融资结构可能会给企业带来不同的影响。融资规模越大,创业者付出的代价就可能越大;融资规模太小,又可能导致资金不足,影响企业运营的发展。因此,创业企业在进行融资时,要根据企业的发展阶段和成本收益,针对企业实际情况量力而行,合理地确定融资的金额和期限,并确定合理的融资结构。

风险可控化。

创业者在选择投资时,要考虑到各种潜在风险,做好风险应对。既要保证企业发展的资金要求,又要把风险控制在可控的范围内,促进企业良性发展,尽可能保持企业的控制权

创办新企业是捕捉的商业机会进行价值实现的过程,创业者在新创企业中持有较多的股份,创业成功后,才能获得较大的创业回报。而创业者控制权的削弱不仅会减少其创业回报,有时也会阻碍其做出有利于企业利益的决策,所以创业者要尽可能保持企业的控制权。

选择一个合适自己企业的风险投资至关重要。

2.【案例分析】阿里巴巴公司创业初期如何选择投资人

马云在初创阿里巴巴的时候,曾经面临过极度窘迫的资金危机,但是却拒绝了多家投资商,选择了高盛和亚洲软银的两笔风险投资。马云认为,

"投资者可以炒我们，我们当然也可以换投资者，这个世界上投资者多得很。我希望给中国所有的创业者一个声音——投资者是跟着优秀的企业家走的，企业家不能跟着投资者走。"

问题：阿里巴巴选择投资人，有哪些经验可供借鉴？

（1）摆正创业者与投资人的关系。

马云在创业初期曾经拒绝过很多投资人，理由是这些投资者们对经理层不够信任。马云希望投资者和企业管理者应该各司其职。高盛等投资机构显然更符合马云的要求。进入阿里巴巴后，投资者们秉承的最重要一个方式就是不干涉经理层对公司的运作，充分放手。

（2）关注投资人对管理层的信任程度，保持企业的控制权。

当时高盛的要求非常苛刻，而同时还有些投资人比高盛出资更高，条件也更好，但是马云还是选择了高盛。对此，马云解释："我希望阿里巴巴的第一笔风险投资除了带来钱以外，还能带来更多的非资金要素，如进一步的风险投资和其他的海外资源，而被拒绝的这些投资者并不能给阿里巴巴带来这些。"

（3）关注投资公司可以带来的资金以外的因素。

马云认为，投注式投资是对阿里巴巴极为不利的，也会带来极大的隐患。而高盛规模大，看事情比较长远。他们对阿里巴巴有长远的信心，就一定会长期地坚持下去，而不是牟求短期利益。

（4）设定适合企业发展阶段的投资规模。

"气场对路"也是马云挑选投资人的一个标准，无论是前期投资的孙正义，还是后期介入的杨致远，都和马云的处事风格有极其相似的地方。投资人与创业者气场相投，才容易彼此欣赏；只有彼此欣赏，才能彼此信任；只有彼此信任了，才能共图大事。如果气场不合，必然猜忌，一旦猜忌，内耗就多，合作也必然不能长远。

（5）投资者与创业者在思路和作风上要尽量一致。

从马云的成功经验中不难看出，创业者在选择投资人时心中应该有较为长远的策略，除了自身摆正心态，保证企业的控制权之外，要注重投资人的长期稳定性及其在资金之外能够带来的资源和价值，找到思路和作风一致的合作伙伴，最终设定适合企业发展的投资规模。

3. 小结

创业企业获得风险投资的过程是一个选择和被选择的双向过程。选择投资伙伴时，创业者要摆正创业者与投资人的关系，关注投资人对管理层的信任程度，保持企业的控制权；同时，关注投资公司带来的资金以外的因素，并设定适合的投资规模。

模块 6
创业行业

模块内容

主题 1　行业吸引力

主题 2　产业链分析

主题1　行业吸引力

> **学习目标**
>
> （1）了解什么是行业。
> （2）掌握波特的"五力模型"。

1. 主题解读

行业是由出售者组成的，它提供各种产品，这些产品有类似性而且互为替代品。不管是创业者还是投资人，战略上都特别关注所属行业是否具有吸引力。那么，哪些因素对行业吸引力起着决定性影响呢？20世纪70年代后期，迈克尔·波特提出了决定行业吸引力的五种力量，被称为"五力模型"。这"五力"指的是"供应商的议价能力""购买者的议价能力""新进入者的威胁""替代品的威胁"及"同业竞争者的竞争程度"。

（1）供应商的议价能力。

供方主要通过其提高投入要素价格与降低单位价值质量的能力，来影响行业中现有企业的盈利能力与产品竞争力。供方力量的强弱主要取决于他们所提供给买主的是什么投入要素。当供方所提供的投入要素其价值构成了买主产品总成本的较大比例、对买主产品生产过程非常重要，或者严重影响买主产品的质量时，供方对于买主的潜在讨价还价力量就大大增强。一般来说，满足如下条件的供方会具有比较强大的讨价还价能力。

第一，供方行业为一些具有比较稳固市场地位而不受市场剧烈竞争困挠的企业所控制，其产品的买主很多，以致于每一单个买主都不可能成为供方的重要客户。

第二，供方各企业的产品各具有一定特色，以致于买主难以转换或转换成本太高，或者很难找到可与供方企业产品相竞争的替代品。

第三，供方能够方便地实行前向联合或一体化，而买主难以进行后向联合或一体化，这就是我们说的"店大欺客"。

（2）购买者的议价能力。

购买者主要通过其压价与要求提供较高的产品或服务质量的能力，来影响行业中现有企业的盈利能力。一般来说，满足下列条件的购买者具有比较强大的议价能力。

第一，购买者的总数较少，而每个购买者的购买量较大，占了卖方销售量的很大比例。

第二，卖方行业由大量相对来说规模较小的企业所组成。

第三，购买者所购买的基本上是一种标准化产品，同时向多个卖主购买产品在经济上也完全可行。

第四，购买者有能力实现后向一体化，而卖主不可能前向一体化，这就是所谓的"客大欺主"。

（3）新进入者的威胁。

新进入者在给行业带来新生产能力、新资源的同时，希望在已被现有企业瓜分完毕的市场中赢得一席之地，这就有可能会与现有企业发生原材料与市场份额的竞争，最终导致行业中现有企业盈利水平降低，严重的话还有可能危及这些企业的生存。

竞争性进入威胁的严重程度取决于两方面的因素，这就是进入新领域的障碍大小与预期现有企业对于进入者的反应情况。

进入障碍主要包括规模经济、产品差异、资本需要、转换成本、销售渠道开拓、政府行为与政策（如国家综合平衡统一建设的石化企业）、不受规模支配的成本劣势（如商业秘密、产供销关系、学习与经验曲线效应等）、自然资源（如冶金业对矿产的拥有）、地理环境（如造船厂只能建在海滨城市）等方面，其中有些障碍是很难借助复制或仿造的方式来突破的。

预期现有企业对进入者的反应情况，主要是采取报复行动的可能性大小，则取决于有关企业的财力情况、报复记录、固定资产规模、行业增长速度等。

总之，新企业进入一个行业的可能性大小，取决于进入者主观估计进入所能带来的潜在利益、所需花费的代价与所要承担的风险这三者的相对大小情况。

（4）替代品的威胁。

两个处于同行业或不同行业中的企业，可能会由于所生产的产品互为替代品，从而在它们之间产生相互竞争行为。这种源自于替代品的竞争会以各种形式影响行业中现有企业的竞争战略。

首先，现有企业产品售价以及获利潜力的提高，将由于存在着能被用户方便接受的替代品而受到限制；其次，由于替代品生产者的侵入，使现有企业必须提高产品质量、通过降低成本来降低售价或者使其产品具有特色，否则其销量与利润增长的目标就有可能受挫；最后，源自替代品生产者的竞争强度，受产品买主转换成本高低的影响。

替代品价格越低、质量越好、用户转换成本越低，其所能产生的竞争压力就强；而这种来自替代品生产者的竞争压力的强度，可以具体通过考察替代品销售增长率、替代品厂家生产能力与盈利扩张情况来加以描述。

（5）同业竞争者的竞争程度。

大部分行业中的企业，相互之间的利益都是紧密联系在一起的，作为企业整体战略一部分的各企业竞争战略，其目标都在于使得自己的企业获得相对于竞争对手的优势，所以，在实施中就必然会产生冲突与对抗现象，这些冲突与对抗就构成了现有企业之间的竞争。现有企业之间的竞争常常表现在价格、广告、产品介绍、售后服务等方面，其竞争强度与许多因素有关。

一般来说，出现下述情况将意味着行业中现有企业之间竞争的加剧，即行业进入障碍较低，势均力敌竞争对手较多，竞争参与者范围广泛；市

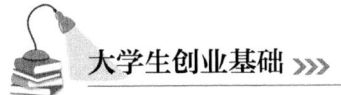

场趋于成熟，产品需求增长缓慢；竞争者企图采用降价等手段促销；竞争者提供几乎相同的产品或服务，用户转换成本很低；一个战略行动如果取得成功，其收入相当可观；行业外部实力强大的公司在接收了行业中实力薄弱企业后，发起进攻性行动，结果使刚被接收的企业成为市场的主要竞争者；退出障碍较高，即退出竞争要比继续参与竞争代价更高。在这里，退出障碍主要受经济、战略、感情及社会政治关系等方面考虑的影响，具体包括资产的专用性、退出的固定费用、战略上的相互牵制、情绪上的难以接受、政府和社会的各种限制等。

行业中的每一个企业或多或少都必须应付以上各种力量构成的威胁，而且客户必面对行业中的每一个竞争者的举动。除非认为正面交锋有必要而且有益处，如要求得到很大的市场份额，否则客户可以通过设置进入壁垒，包括差异化和转换成本来保护自己。

2.【主题案例】足疗行业评估

中华足盟的一份研究报告显示：截至 2011 年 5 月，全国足疗保健企业数量已经超过 60 万家，相关链条企业 300 多万家，从业人员 3000 万人，年产值超过 2000 亿元人民币，这几乎和教育产业规模相当。然而，中国的教育行业已经有 11 家上市公司，足疗行业却没有一家上市公司。

问题：运用波特"五力"模型分析法，评估足疗行业是否具有吸引力？

【案例分析】

足疗行业的"五力"具体指代什么？供应商主要是店面租赁方和技师，购买者主要是消费者，新进入者是那些新开的足疗企业，替代者是那些具有休闲保健功能的保健理疗企业，现有竞争者是市场上已经存在的足疗企业。

首先，店面租赁方和技师谈判能力增强，单店毛利越来越少。为了获取更多的分散消费者，足疗企业大都选择方便人流聚集的店面。然而，这些店面位置好、店面用途广、租金价格高，是稀货。同时，技师是足疗行业的核心资源，他们是服务的直接提供者，服务质量好坏严重影响企业收益。加之该行业熟练技师一直处于稀缺状态，他们不愁找不到好东家，要价可谓"芝麻开花节节高"。据调查，北京一名足疗技师的平均月收入为5000元，高的达到1万多元，这还不包括相应的培训和缴纳的险金。

其次，足疗消费市场增长强劲，市场规模逐渐增大，但客户黏度不高。按照国际惯例，当人均GDP超过3000美元，就是个人消费产业爆发的时候。目前，中国大部分一、二线城市早就超过了这个标准线，未来5~10年会是中国消费产业的黄金期。据统计，足浴行业消费市场以每年超过30%的速度增长，覆盖的人群越来越多。尽管如此，足疗对于大众而言，依然是可有可无的消费，客户黏度并不高。

再次，新进足疗企业增多，蛋糕被切得越来越小。足疗行业进入门槛低，投入不大，适合小本创业者进入；同时，那些早进入的企业很难建立通过规模经济、产品差异化、商业模式创新等手段建立行业进入障碍。

然后，休闲替代品种类众多。足疗消费不是刚性需求，市场上存在着大量诉求休闲健康的同类产品或替代品，市场看来很大，但最后实现消费的几率并不高。

最后，现有竞争比较激烈。目前，国内排名前五的足疗品牌中，不论是富侨、华夏良子、良子健身、千子莲还是神农大足，都没有形成称雄对方的市场实力。这是由于提供的产品同质化程度高，差异化优势不明显，还处于诉求低价等手段的低层次竞争。

综合来看，随着人均GDP的增长，足疗行业整体发展前景趋好。但是，从影响行业吸引力的"五力"来看，其店面租金和技师成本持续上升，行业进入门槛低，现有竞争激烈，替代品日益增多，加之消费者黏度不高，要想在该行业做大做强显然不那么容易。要想有所突围，目前看来，办法有两个：一是做高端市场服务，通过提高收费和服务，覆盖不断上升的人力成本；二是做综合性尝试，提供多元化服务，通过增加住宿、会议、餐饮等内容，以综合服务吸引客人、降低对技师的依赖。然而，无论是高端路线还是多元化服务，对于这些卖水果、做养殖、开小百货店起家的创始人来说，都不是一件容易的事情。

3. 小结

波特的"五力"分析法是对一个产业盈利能力和吸引力的静态断面扫描，旨在说明该产业中的企业平均具有的盈利空间，所以这是一个产业形势的评估工具，而非企业能力的评价工具。同时，还应看到五力模型是建立在三个假定的基础之上：①制定战略可以了解整合行业的信息；②同行业之间只有竞争关系，没有合作关系；③行业的规模是固定的。因此，只有通过夺取对手的份额来占有更大的资源和市场。实际上，这三个假定是不现实的。因此，该模型在较大意义上是一种理论思考工具，而非可操作性的战略工具。

无论如何，正如沃伦·巴菲特所言，"行业的重要性比企业家的才能更为重要"。鉴于此，创业者在进入某行业前，或者在思考是否坚持原有行业时，运用"五力模型"分析法进行行业吸引力评估都是必要的。

主题 2　产业链分析

> **学习目标**
> （1）了解产业链的定义。
> （2）掌握产业链分析方法。

1. 主题解读

产业链常用于描述一个具有某种内在联系的企业群结构，实质是产业中各企业之间的供给与需求的关系。产业链中的企业大多存在着上下游关系和相互价值的交换。上游企业向下游企业输送产品或服务，下游企业向上游企业反馈信息，共同为客户创造价值。

产业链分析涉及三个核心问题，分别是"产业链上下游企业是谁？""明确产业链各环节之间的竞合关系如何？""明确产业链的主导者是谁？"。上述分析结果有助于了解产业的商业模式、产业成功的关键因素和产业的发展趋势。

2.【主题案例】互联网教育产业的那些大小鱼

近年来，互联网教育的商机倍受创业者和投资者青睐，它就像一个水草丰美、浮游生物众多的大池塘，吸引着很多大鱼和小鱼。这些大鱼、小鱼实质是互联网教育产业链的重要参与者，它们相互关联、相互渗透，共同为在线用户创造价值。

请问：互联网教育产业链上有哪些重要的参与者？

【案例分析】

前面提到，产业链的本质是一个具有某种内在联系的企业群结构，其中的企业存在着上下游供求关系和相互价值的交换。互联网教育行业也不例外，一般来讲离不开6类角色的参与，分别是教育机构、内容提供商、平台提供商、技术提供商、电信运营商及用户。除以上参与者外，互联网教育产业链中还有一些角色不可或缺，如教育行政机构、设备提供商、风险投资商及行业媒体等，越来越多行业角色的参与和分工的细化表明互联网教育正在蓬勃发展。

用户既是互联网教育的受益者，也是产业链中的买单者。教育市场用户至上，提供教育产品或者服务必须以用户为中心，高度关注用户学习时在乎的便捷性、经济性、灵活性需求及体验，才能在激烈的行业竞争中立稳脚跟。

除用户这一产业主导者外，按照产业链分工，互联网教育产业最重要的参与者分为内容提供商、平台提供商和技术提供商三类。

第一，内容提供商。

在线教育内容提供商主要提供教育视频、学习资料等在内的学习知识及教育工具类产品。

第一类为学习视频：该类产品实际上是线下教学课堂向线上的转移，课堂内容没有变化，只是授课形式转移为通过互联网传递视频，这类产品主要由传统教育机构提供。典型有传统网校和远程教育、MOOC和公开课。

第二类为教育工具：指针对提高学习效率、记忆力、查漏补缺等为学习过程提供辅助的一类学习工具产品。这类产品形态多样，代表性产品包括背单词型产品、题库型产品、笔记型产品、早教类产品、评测与资讯工具。

第三类为文档资料：主要以一种学习资料库的形式存在，提供多种多样的学习资料，人们接收信息进而转化为自身的知识和智慧。

第二，平台提供商。

在线教育平台提供商指为教与学提供中介的平台，多为具有互联网思维的线上机构主导，目前主要可分为 B2C、C2C 两种模式。

第一类 B2C 模式（Business-to-Customer）指教育机构直接面向消费者提供教育服务，包括 B2C 交互和 B2C 单向两种方式。

第二类 C2C 模式（Customer-to-Customer）指个人为消费者提供教育服务，包括 C2C 电商和 C2C 社区两种方式。

第三，技术提供商。

除了提供内容、平台外，还有一些为技术支持的企业，它们提供虚拟教室、远程培训、在线考试、培训管理等种类繁多的产品。例如，华平股份为远程教育系统提供支持，立思辰、天喻息在政府或学校搭建教育云平台等。该类技术提供商虽然本身不输出教育相关的内容，但其技术支持也是整套解决方案不可或缺的，而在大量项目实践过程中所积累的经验则成为了其最大的优势。除这些行业主导者外，参与其中的那些上下游企业，如教育机构、电信运营商和主导者在交易过程中不断融合渗透、竞争合作，使互联网教育得到普遍使用，为用户带来更多价值。

3. 小结

产业链是各类参与角色在共同为用户提供价值的过程中，所形成的上下游供求及价值交换关系。产业链分析要回答三个问题："产业链的上下游有哪些企业？""上下游企业的竞合关系如何？"及"产业链哪些企业做主导？"

模块 7
创业财务

模块内容

主题 1　收入来源

主题 2　支出的分类

主题 3　成本费用的计算和预测

主题 1　收入来源

学习目标

(1) 了解收入来源的主要类型。
(2) 掌握在线教育的收入来源。

1. 主题解读

收入来源用来描绘公司从每个客户群体中获取的收入。考虑收入来源时，企业必须问自己：什么样的价值能够让各客户细分群体真正愿意付款？只有回答了这个问题，企业才能从各客户群体发掘出一个或多个收入来源，其类型有资产出售、使用收费、订阅收费、租赁收费、授权收费、经纪收费和广告收费，详见表7-1。

表 7-1　收入来源类型解读

类型	解读
资产销售	最为人熟知的收入来源方式是销售实体产品的所有权。亚马逊在线销售图书、音乐、消费类电子产品和其他产品
使用收费	这种收入来源通过特定的服务收费。客户使用的服务越多，付费越多。电信运营商可以按照客户通话时长来计费。旅馆可以按照客户入住天数来计费。快递公司可以按照运送地点的距离来计费
订阅收费	这种收入来自销售重复使用的服务。一家健身房可以按月或按年以会员制订阅方式来销售健身设备的使用权

续表

类型	解读
租赁收费	这种收入来源于针对某个特定资产在固定时间内的暂时性的排他使用权的授权。对于出借方而言，租赁收费可以带来经常性收入的优势。租用方或承租方可以仅支付限时租期内的费用，而无需承担购买所有权的全部费用
授权收费	这种收入来自将受保护的知识产权授权给客户使用，并换取授权费用。授权方式可以让版权持有者不必将产品制造出来或者将服务商业化，仅靠知识产权本身即可产生收入。授权方式在媒体行业非常普遍，内容所有者保留版权，但是可以将使用权销售给第三方。同样，在技术行业，专利持有人授权其他公司使用专利技术，并收取授权费作为回报
经纪收费	这种收入来自为了双方或多方之间的利益所提供的中介服务而收取的佣金。例如，信用卡提供商作为信用卡商户和顾客的中间人，从每笔销售交易中抽取一定比例的金额作为佣金。同样，股票经纪人和房地产经纪人通过成功匹配卖家和买家来赚取佣金
广告收费	这种收入来源于为特定的产品、服务或品牌提供广告宣传服务。传统上，媒体行业和会展行业均以此作为主要收入来源。近几年，其他行业包括软件和服务，也开始逐渐向广告收入倾斜

各种收入来源可能有不同的定价机制。定价机制有固定定价和动态定价两种主要形式，前者根据静态变量而预先设定价格，后者则根据市场情况变化来调整定价，详见表 7-2。

表 7-2 定价类型

	固定定价		动态定价	
标价	单独产品、服务或其他价值主张的固定价格	协商定价（谈判定价）	双方或多方商定价格，最终的价格取决于谈判能力或谈判技巧	
基于产品特性的定价	基于价值主张特性的数量或质量的定价	收益管理定价	基于库存量和购买时间的定价（通常用于易损资源）	
基于客户细分的定价	基于客户细分群体的类型和特点定价	实时市场定价	价格基于市场供求的动态关系决定	
数量定价	基于客户购买的数量定价	拍卖定价	价格根据竞拍结果决定	

2.【主题案例】在线教育收入来源类型

2013年,已经有超过20家在线教育网站获得风险投资,不论是互联网巨头还是连资本市场都非常看好在线教育,中小型的在线教育网站更是遍地开花。新东方董事长俞敏洪断言称,随着互联网等现代技术的发展,在线教育行业将迎来颠覆式的变革,未来3~5年就将实现线上40%、线下60%的格局。可见,在线教育目前正处于行业发展初期。

问题:各大教育机构正积极探索变现方式,请问在线教育收入来源主要有哪些?

【案例分析】

在线教育的收入来源主要有以下几种。第一,内容收费。对提供的课程和资料收费。主要是提供高质量的数字原创内容。一些拥有知识产权的教育企业和机构把网络作为高效便捷的分销渠道和吸引部分习惯于通过网络和计算机学习的用户群体的方式。这些企业和机构会搭建自己的专有网站,依靠其专业性极强的、有独特价值的内容向用户收费,这就是所谓的数字盈利模式。比如,采取部分内容和关键信息只允许付费会员浏览查询的方式,或者只提供针对注册付费用户的数字内容等。数字内容主要表现为文字、音频、视频等。至于数字原创内容的来源,有些是公司内部机构创作并视为公司的核心竞争力;也有一些是通过资源整合的方式,直接借助网络向普通用户购买其上传的高质量用户创作内容的版权;还有一些是在购买线下教育资源的版权,然后进行整合,上传至网络销售。新东方网校和学而思网校就是这种收费模式。

第二,增值服务收费。在线教育机构通过为学员提供考试服务、就业咨询等服务收取费用。一些网站推出了网络咨询服务内容,可以针对相关培训和学习中的问题进行在线答疑，或者提供 24 小时内解决问题的咨询服务，并针对问题的数目进行包月收费。这种收入模式很好地解决了网络教育过程中的互动性、个性化问题，并且提供了区别于一般数字内容的增值服务，也很好地避免了版权问题，降低了被盗版的风险。中华培训网的会计子网就提供了一种高级课程，收费是普通数字内容课程的 10 倍，其增加的费用部分用来提供会计学习过程的疑难解答、会计实务咨询等服务。

第三，平台佣金。对进驻平台的教育机构收取佣金，进而允许教育机构在平台上提供课程和资料。有一些教育资源创作机构与教育内容版权商想扩大分销渠道和开拓网络用户，但是鉴于在网络运营方面并不具备相关的资源优势和运作经验，于是通过战略合作或者外包的方式将网络分销渠道赋予特定的网站运营商。网络运营商则负责代理其数字内容的在线服务，并针对视频点播、在线课堂等宽带服务向版权商收取一定的运营费用或者提取一定比例的用户付费。阿里巴巴的淘宝同学和 YY 教育就是这种收费类型。

第四，广告收费。向在网站上投放的广告收费。在线广告是网站比较普遍的收入类型，网络教育网站也是如此。其形式繁多，从横幅、图标广告，到 Flash 多媒体动画等多种多样。从收费的方式来看，现在比较受欢迎的是按点击次数收费，谷歌和百度等搜索引擎网站都是主要采取此类广告方式。很多小型教育网站也通过 Google Ad Words 或者百度主题推广等推广工具来获得广告利益分成。几乎每一个教育类网站都会提供相关广告位，但是能够单独依靠广告来盈利的还只是少数具备品牌优势，能带来大量流量、点击量的网站。

第五，软件一次性收费或包月收费。主要为移动终端的软件安装，常见于学前教育。

以上是在线教育收入来源类型的理论分析，大多数在线教育网站投入高，收入来源有限，当前能够盈利的却是凤毛麟角。从目前来看，大多数企业做的是平台和渠道，意在打造"在线教育的淘宝"，但难点就在于，优质的教学资源难找，而营销渠道有限，获得用户的成本非常高。有数据显示，在线教育网站从百度上获得一个订单，需要花费 1200 元。

3. 小结

企业经营要保证财务可持续，就要有源源不断的超过成本的收入，实现盈利是王道。一般来讲，收入来源有资产出售、使用收费、订阅收费、租赁收费、佣金收入、授权收费、经纪收费和广告收费等多种方式，这不仅取决于产品和服务本身的特性，还受制于客户的意愿和能力，这些问题涉及"什么样的价值能让客户愿意付费？""客户现在付费买什么？""客户是如何支付费用的？"及"客户更愿意如何支付费用？"等。

在线教育目前还处在发展的初期阶段，收入来源单一且不稳定，加之消费行为还在培育中，目前盈利的企业为数不多。但是，随着用户消费习惯的日渐形成，在线教育用户将越来越多，在线教育必将迎来黄金发展期。

主题2 支出的分类

> **学习目标**
>
> 了解成本和费用的基本类型。

1. 主题解读

企业不可能无本经营，创办和经营企业需要各种各样的支出，这些支出有的可以记入产品或服务的成本，随产品、服务的销售或提供得到弥补；有些则形成可支配的财产，在企业经营期内慢慢磨损或被耗用；另外的部分构成经营管理的费用，直接从当期收入中扣减。为正确计算产品或服务的成本，为计算利润提供详细的信息，企业应根据各种支出的特点将其进行不同的分类。

（1）资本性支出和收益性支出。

企业发生的各种支出按照其受益期的长短可以分为资本性支出和收益性支出。

资本性支出指企业为取得受益期在1年以上的财产而发生的支出，如购置房屋、设备、商标专利权等的支出。这些支出因为受益期较长，在发生时不应该全部从当期收入中扣减，而应计入资产价值，在其受益期内分期摊销。

收益性支出指企业为取得本期收益所发生的支出，其受益期在本期，所以应在支付时全部计入当期成本费用。

严格区分这两种支出有利于企业正确计算各年利润和正确反映资产的

价值。如果误将资本性支出作为收益性支出进行核算，则会加大资金支出年度的费用水平，使当期利润虚减；相反，如果将收益性支出作为资本性支出进行核算，则会使资金支出年度的利润和企业资产的价值均虚增，这两种情况都无法真实地反映企业的财务状况。

（2）成本和费用。

购置房屋、设备等固定资产的资本性支出，其在使用过程中磨损的价值通过折旧的形式逐渐转移为收益性支出；而商标权、专利权等无形资产的价值损耗则以摊销的形式分期计入各个受益期间的收益性支出。资本性支出转变为收益性支出的金额和当年度的收益性支出，一起按照其与企业生产经营活动的关系，再分别计入成本或费用。因此，成本和费用是收益性支出按照其与产品生产活动的关系或经济用途进行的再划分。

企业全部的收益性支出按成本费用项目可分为原料支出、人工支出和其他支出。原料支出指企业在生产经营和管理过程中所消耗的各种材料物资的成本，包括原材料及主要材料、辅助材料、外购半成品、修理用备件、包装材料、燃料等；人工支出指企业在一定时期内，在生产、经营和提供劳务活动中，因使用劳动力而支付的所有直接费用和间接费用的总和，包括支付的工资、奖金、津贴、补贴及所支付的相关福利；其他支出指所有不包含在上述各成本费用项目中的各种开支。这些开支按是否需要支付现金可分为付现支出和非付现支出。付现支出主要包括电费、水费、电话费、上网费、保险费、租金、宣传广告费等；非付现支出一般包括固定资产的折旧、无形资产的摊销额、长期待摊费用的摊销额。

收益性支出按照其与生产服务或经营管理的关系可分为成本和费用。

成本是产品生产或劳务提供过程中所发生的物化劳动和活劳动等各种耗费的货币表现，同产品产量或服务数量有密切的联系，是产品或服务价值的基础或构成内容。成本随产品的销售或服务的提供得到补偿（按照收入费用配比原则，企业在进行会计核算时，收入应当与其相关的成本费用相互配比。同一会计期间的各项收入应与和该收入相关的成本费用，在同一会计期间内确认。与产品或服务的销售收入相配比的费用即是产品或服务的成本，只有产品销售出去或服务提供之后，其成本才能收回从而得到补偿。在产品销售之前，其成本构成企业的一项资产。与会计期间相配比的费用就是期间费用，其只与发生的期间相关。要在发生的当期全部收回，而不论企业销售了多少产品，与产品的销售数量无关。

费用是同企业经营管理活动有着密切联系的耗费，其与产品生产或服务提供无直接关系，而与发生的会计期间相联系。按照收入费用配比原则，企业在进行会计核算时，收入应当与其相关的成本费用相互配比。同一会计期间的各项收入应与和该收入相关的成本费用，在同一会计期间内确认。与产品或服务的销售收入相配比的费用即是产品或服务的成本，只有产品销售出去或服务提供之后，其成本才能收回从而得到补偿。在产品销售之前，其成本构成企业的一项资产。与会计期间相配比的费用就是期间费用，其只与发生的期间相关，要在发生的当期全部收回，而不论企业销售了多少产品，与产品的销售数量无关。如企业用于经营管理活动的各种支出、用于产品销售环节的各项耗费及理财业务中所发生的支出，它们分别被叫做管理费用、销售费用和财务费用，并被统称为期间费用。期间费用直接计入当期损益，从当期收入中得到补偿。

①成本分类。成本按其记入产品成本的方式不同，分为直接成本和间接成本。

直接成本指只在企业生产和交易环节中发生的成本，包括企业在制造某种产品、提供某种服务或买进商品再出售时直接发生的相关费用，如构成产品实体的各种材料、直接参与产品生产的工人薪酬、购进商品的价款等。这些费用与企业生产的产品、提供的服务或企业所转卖的商品的数量直接相关。

间接成本指那些在企业经营活动中发生的除直接成本外的所有其他成本。这些成本不能直接归入某一个具体产品或某一项服务当中，如制造业中车间的水电费、厂房和机器设备的折旧费、车间管理人员的工资，批零或服务业中办公室的租金、员工的工资等。为计算单个产品或单项服务的成本，需要按比例把间接成本分摊到每个产品或每项服务中去。

②费用分类。费用按其发生的地点和用途，分为销售费用、财务费用和管理费用。

销售费用是指企业在销售商品产品和材料、提供劳务过程中发生的各种费用，包括保险费、包装费、展览费和广告费、商品维修费、预计产品质量保证损失、运输费、装卸费等，以及为销售本企业商品而专设的销售机构的职工薪酬、业务费、折旧费等经营费用。

财务费用是企业为筹集生产经营所需资金等而发生的筹资费用，包括利息支出（减利息收入）、汇兑损益以及相关的手续费、企业发生的现金折扣或收到的现金折扣等。

管理费用是行政管理部门为组织和管理企业生产经营所发生的各种费用，包括企业在筹建期间内发生的开办费、董事会和行政管理部门在企业的经营管理中发生的或者应由企业统一负担的公司经费，包括行政管理部门职工工资及福利费、物料消耗、低值易耗品摊销、办公费和差旅费等、工会经费、董事会费、聘请中介机构费、咨询顾问费、诉讼费、业务招待费、房产税、车船使用税、土地使用税、印花税、技术转让费、矿产资源补偿费、研究费用、排污费等。

【课堂练习】成本费用类型及项目

在表7-3中，请将"D""I"和"E"分别填在"成本费用类型"一栏，以区分直接成本、间接成本和费用；在"成本费用项目"一栏中，请用"S"表示人工成本，用"M"表示原料成本，用"O"表示其他付现成本，用"U"表示非付现成本，对支出明细进行项目分类。

表 7-3　成本费用类型及项目

企业支出项目	成本费用类型	成本费用项目
工人的工资 用于产品生产的原材料 商店的广告费 机器的修理费 零售店购买商品的费用 老板的工资 办公用品 市场调研的咨询费 借款利息 建筑公司建筑用的砖和水泥 出租车公司的汽油 金属加工厂的铝材 厂房的折旧费		

【练习答案】

上表企业支出的项目中属于直接成本：工人的工资、用于产品生产的原材料、零售商店购买商品的费用、建筑公司建筑用的砖和水泥、出租车公司的汽油、金属加工厂的铝材；属于间接成本的：机器的修理费、厂房的折旧费；属于费用项目的：商店的广告费、老板的工资、办公用品、市场调研的咨询费、借款利息等。

上述支出中属于人工成本的：工人的工资、老板的工资等；属于原料成本的：用于产品生产的原材料、建筑公司建筑用的砖和水泥、出租车公司的汽油、金属加工厂的铝材、零售商店购买商品的费用；属于其他付现成本的：机器的修理费、商店的广告费、办公用品、市场调研的咨询费、借款利息；属于非付现成本的有厂房的折旧费等。

3. 小结

创业者经营企业会发生各种各样的成本和费用。为降低支出，创业者必须对企业经营过程中的各项开支了然于胸，清晰界定支出所属的类型和项目，并且要设法把各项成本费用控制在企业获取利润所必需的最低限度，实现成本最小化。

主题3　成本费用的计算和预测

学习目标

（1）了解成本费用的基本概念。
（2）掌握成本费用的基本核算。

1. 主题解读

成本计算可以正确地对会计对象进行计价，考核经济活动中的耗费，为正确计算盈亏提供数据资料。由于制造业的成本计算最为复杂，所以此处以制造业的产品生产成本的计算为例进行介绍。

成本按其记入产品成本的方式不同，分为直接成本和间接成本。

直接成本包括直接材料和直接人工，间接成本也叫制造费用。

直接材料是企业生产过程中，直接用于产品生产，构成产品实体的原材料、辅助材料、外购半成品及有助于产品形成的其他材料等。

直接人工是指企业在制造产品的过程中，为获得直接参加产品生产人员提供的服务而给予各种形式的报酬以及其他相关支出。直接材料和直接人工统称为直接成本。

企业应当根据制造费用的性质，选择合理的制造费用分配方法，将其分配计入产品生产成本。制造费用的分配标准可以是生产工人职工薪酬的比例、工时比例、耗用原材料的数量或成本等。服务型企业中，间接成本通常按工作小时数来计算的，把工作小时数加总起来就得出了提供某项服务所花费的总时间。

制造费用在进行分配时，通常需先计算制造费用分配率，再分别计算各产品应负担的制造费用部分。其计算公式如下：

$$\text{制造费用分配率} = \frac{\text{制造费用总额}}{\text{各种产品实际（定额）工时（或工人工资）之和}}$$

$$\text{某产品应负担的制造费用} = \frac{\text{该种产品实际或定额工时或生产工人工资}}{} \times \text{分配率}$$

制造费用的分配一般是通过编制"制造费用分配表"进行的。见表7-4。

表7-4 制造费用分配表

项目	分配标准	分配率	分配金额
甲产品			
乙产品			
……			
合计			

创业者应该时刻关注企业发展的未来趋势，并做出正确的预测。通过企业的市场营销计划，创业者就能够清楚他将要生产和销售多少产品、推出多少项服务内容，然后根据预测的销售状况进行成本费用的预测。一般来说，企业的直接成本会随产销量发生变化，但是间接成本和期间费用受产销量的影响较小。

成本费用预测时，往往按照成本费用项目展开，分别成本和费用项目单独进行。

2.【主题练习】产品成本计算

某创业者自筹资金100000元，又从银行借入3年期借款100000元，开办了一家个人独资公司，生产某种设备。在企业筹备期间花费了20000元的培训费、办公费、差旅费、印刷费、筹办人员职工薪酬、注册登记费等开办费用，购置了价值 60000 元的机器设备，假定该设备可使用 5 年；同时，购置了 50000 元用于生产产品的各种原材料，12000 元的办公家具，其余 58000 元为货币资金❶。假定每件产品耗用材料的价值为 5000 元，每件产品的计件工资为 2500 元，机器设备的折旧为每月 1000 元（60000 元 / 5 年 /12 月），车间水电费用在开始生产经营的当月为 500 元，同时，第一个月企业还支付了 1000 元的广告费，创业者工资 3000 元，资金利息支出 1000 元，电话费 500 元，办公家具的折旧 200 元。如果第一个月生产了 4 件产品，请计算每件产品的成本。

【答案】

产品的生产成本包括直接材料成本每件 5000 元，直接人工成本每件 2500 元，以及间接成本 1500 元［1000（元设备折旧费）+500（元车间水电费）］。在间接成本按产品产量分配时，每件产品应负担的间接成本为 375 元，所以，每件产品的生产成本为 7875 元。

成本项目包括人工支出、原料支出、其他付现支出和非付现支出四个部分，人工支出和原料支出随产品或服务的产销量呈正比变化，其他付现支出与产品或服务产销量同向变化，非付现支出一般不随产品或服务数量发生变化；期间费用项目不随产品或服务数量发生变化。

按照成本效益原则，在进行成本费用预测时，若产品或服务的产销量变化不是太大，其他付现支出往往可以假设其保持不变，也可以按照产销量的变化进行调整。课堂练习 2 中，由于产品产量由 4 件增加到 8 件，所以产品成本中的人工支出和原料支出均按 8 件计算，分别为 20000（2500×8）和 40000（5000×8）元，其他支出的水电费也增长 1 倍为 1000 元；非付现支出的折旧费不发生变化，依然为 1000 元；费用水平保持不变，为 5700 元；成本费用合计为 67700 元。

---

❶ 货币资金是企业在生产经营过程中处于货币形态的经营资金，包括库存现金、银行存款等。

3. 小结

创业者应该时刻关注企业发展的未来趋势，能够清楚他将要生产和销售多少产品，推出多少项服务内容，然后根据预测的销售状况进行成本费用的预测。成本费用预测时，往往按照成本费用项目展开，分为成本和费用项目单独进行。

模块 8
商业模式

模块内容

主题 1　商业模式的构成要素
主题 2　商业模式设计
主题 3　商业模式创新
主题 4　商业模式画布

主题1 商业模式的构成要素

"商业模式"一般有两种理解。一种可简单归纳为公司从事商业的具体方法和途径,另一种则强调模型方面的意义。这两者实质上有所不同,前者泛指一个公司从事商业的方式,而后者指的是商业方式的概念化,提出了一些由要素及其之间关系构成的参考模型。

概括地讲,商业模式描述了企业如何创造价值、传递价值和获取价值的基本原理。❶有人认为,商业模式就是盈利模式,就等于怎么赚钱,这种理解有点偏颇。商业模式是指可持续的盈利模式,这一结论可从商业模式的构成要素中得到印证。

商业模式是一种简化的商业赚钱逻辑,需要用一些元素来描述这种逻辑。它是由彼此关联的9大要素组成,分别为客户细分、价值主张、分销渠道、客户关系、收入来源、核心资源、关键业务、重要伙伴及成本结构,如图8-1所示。❷

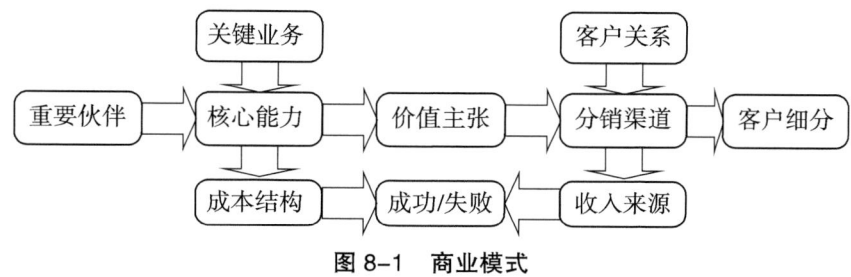

图8-1 商业模式

---

❶ 亚历山大·奥斯特瓦德,伊夫·皮尼厄,王帅等,译.商业模式新生代[M].北京:机械工业出版社,2012.

❷ 亚历山大·奥斯特瓦德伊夫·皮尼厄.王帅等,译.商业模式新生代[M].北京,机械工业出版社,2011.

1. 客户细分

企业或机构服务想要接触和服务的不同群体或组织。群体是指两人或两人以上通过一定的社会关系结合起来进行共同活动而产生相互作用的集体。具体某种共同特征的若干消费者组成的集合体就是消费者群体，他们都会表现出相同或相近的消费心理行为，因为同一群体成员之间一般有较经常的接触和互动，从而能够互相影响。

客户是商业模式的核心，企业始终要牢记"我们正在为谁创造价值？"及"谁是我们最重要的客户？"客户群体体现为独立的客户细分群体，细分标准如下：

- 需要和提供明显不同的提供物（产品或服务）来满足需求；
- 客户群体需要通过不同的分销渠道来接触；
- 客户群体需要不同类型的关系；
- 客户群体的盈利能力（收益性）有本质区别；
- 客户群体愿意为提供物（产品或服务）的不同方面付费。

一般来讲，客户细分群体存在不同的类型（表 8-1）。

表 8-1 客户细分类型

市场类型	解释
大众市场	聚焦于大众市场的商业模式在价值主张、渠道通路和客户关系方面全都聚焦于一个大范围的客户群体，这个群体具有大致相同的需求和问题
利基市场	价值主张、渠道通路和客户关系都针对特定需求定制，这样的模式常常可以在供应商—采购商的关系中找到
区隔化市场	价值主张、渠道通路和客户关系方面有所区别，如航空旅行中头等舱、经济舱的服务模式
多元化市场	具有多元化客户商业模式的企业可以服务于两个具有不同需求和问题的客户细分群体
多边平台或多边市场	有些企业服务于两个或更多的相互依存的客户细分群体。例如，信用卡公司需要大范围的信用卡持有者，同时也需要大范围可以受理那些信用卡的商家

2. 价值主张

价值主张是公司通过其产品和服务所能给消费者提供的价值。从消费者的角度来看，价值主张就是消费者所能感知到的公司为其创造的价值。

价值主张是客户转向一个公司而非另一个公司的原因，它解决了客户的问题或者满足了客户需求。每个价值主张都包含可选系列产品或服务，以迎合特定客户细分群体的需求。

有些价值主张可能是创新的并表现为一个全新的或破坏性的提供物（产品或服务），而另一些可能与现存市场提供物（产品或服务）类似，只是增加了功能和特性。定义价值主张时，企业要牢记"我们该向客户传递什么样的价值？""我们正在帮助我们的客户解决哪类难题？""我们正扎起满足哪些客户需求？"及"我们正在提供给客户细分群体哪些系列的产品和服务？"

价值主张通过迎合细分群体需求的独特组合来创造价值。价值可以是定量的（如价格、服务速度）或定性的（如设计、客户体验）。表8-2列示了为客户创造价值的简要要素。

表 8-2 价值要素

类型	解读
新颖	有些价值主张马青年组客户从未感受和体验过的全部需求，因为以前从来没有类似的产品或服务
性能	改善产品或服务性能是一个传统意义上创造价值的普遍方法
定制化	定制产品和服务以满足个别客户或客户细分群体的特定需求来创造价值
把事情做好	通过帮助客户把某些事情做好而简单地创造价值
设计	设计是一个重要但又很难衡量的要素。产品可以因为优秀的设计脱颖而出，在时尚和消费电子产品工业，设计是价值主张中一个特别重要的部分
品牌/身份地位	客户可以通过使用和显示某一特定品牌而发现价值

续表

类型	解读
价格	以更低的价格提供同质化的价值是满足价格敏感客户细分群体的通常做法，但是低价值主张对于商业模式其余部分有更重要的意义。免费产品和服务正开始越来越多地渗透到各行各业
成本削减	帮助客户削减成本是创造价值的重要方法
风险减少	当客户购买产品和服务的时候，帮助客户抑制风险也可以创造客户价值
可达性	把产品和服务提供给以前接触不到的客户是另一个创造价值的方法。这既可能是商业模式创新的结果，也可能是新技术的结果，或者兼而有之
便利性/可用性	使事情更方便或易于使用可以创造可观的价值

【主题案例】"愤怒的小鸟"的客户体验❶

"愤怒的小鸟"是一款2009年年底推出后就大受欢迎并流行至今的系列游戏，全球下载量已经超过10亿次。我们就以这款游戏Angry Birds Rio的HD Free版为例，看看成功的游戏里到底都有些什么。

积分

伴随着木箱的倒塌，你会得到不同的积分。正常人都希望得到更高的分数，会感觉受到了奖励。人人都喜欢奖励，回避惩罚。对于里程碑式的分数，游戏还给你徽章，相当于图像化的积分。如果你的分数足够高就能获得3星徽章，好比立了功的战士会获得战斗勋章这样的成就。

关卡

这款免费版游戏分4级，每级3关，一共12关。一路玩下来，你会发现每一级的难度在逐级提高，而且里头的机关逐级增多。在现实中，很多人每天都在努力工作，突破自身的局限，攻克挑战，经由升职、晋级，以获得更高的社会地位。

---

❶ 李智晖．"让游戏无处不在"，创业家［J］．2012（10）．

排行榜

每打完一关，玩家都可以查看自己的成绩，排行榜清晰地展示了你在玩家列表中的位置。在学校和企业中，名次表是一种常用的排行榜。通过评比、排名，来树立典范、敦促后进，早就是常用的管理手段。有自我驱动的人都会积极地参与竞争，并希望自己名列前茅。人们从名次表中能感受到群体和社会对自己的认可。

社交

在脸书网络版中，"愤怒的小鸟"推出了"Share & Play"的功能，玩家在突破一个关卡后，可以将这个关卡分享和嵌入到自己的Facebook页面，让朋友直接挑战他所创下的分数。融入一个群体中，你会有一种身份上的归属感，因为社会性是人的基本属性之一。

"愤怒的小鸟"这款游戏元素暗含着马斯洛理论中的激励因子，游戏之所以吸引人，恰恰是因为其同时满足了人的多个层次的需要，尤其是高层次的需要。可以说，游戏是一种激励系统，大大提升了游戏爱好者的客户体验。

3. 渠道通路

用来描绘公司是如何沟通、接触其客户群体而传递其价值主张。沟通、分销和销售这些渠道构成了公司相对客户的接口界面。渠道通路是客户接触点，它在客户体验中扮演着重要角色。渠道通路包含以下功能：

①提升公司产品和服务在客户中的认知；
②帮助客户评估公司价值主张；
③协助客户购买特定产品和服务；
④向客户传递价值主张；
⑤提供售后客户支持。

企业确定渠道通路时，牢记"通过哪些渠道可以接触我们的客户细分群体？""我们现在如何接触他们？""我们的渠道如何整合？""哪些渠道最有效？""哪些渠道成本效益最好？""如何把我们的渠道与客户的例行程序进行整合？"

渠道具有 5 个不同的阶段，每个渠道都能经历部分或全部阶段。可以区分直接渠道与非直接渠道，也可以区分自有渠道和合作伙伴渠道（表 8-3）。

表 8-3 渠道分类

渠道类型			渠道阶段				
			1. 认知	2. 评估	3. 购买	4. 传递	5. 售后
自由渠道	直接渠道	销售队伍	我们如何在客户中提升公司产品和服务的认知？	我们如何帮助客户评估公司价值主张？	我们如何协助客户购买特定的产品和服务？	我们如何把价值主张传递给客户？	我们如何提供售后支持？
		在线销售					
合作伙伴渠道	非直接渠道	自有店铺					
		合作伙伴店铺					
		批发商					

在把价值主张推向市场期间，发现如何接触客户的正确渠道组合是至关重要的。企业组织可以选择通过其自有渠道、合作伙伴渠道或两者混合来接触客户。自有渠道可以是直销的，如内部销售团队或网站。渠道也可以是间接的，如团体组织拥有或运营的零售商店渠道。合作伙伴渠道是间接的，同时在很大范围上可供选择，如分销批发、零售或者合作伙伴的网站。

虽然合作伙伴渠道导致更低的利润，但允许企业凭借合作伙伴的强项，扩展企业接触客户的范围和收益。自有渠道和部分直销渠道有更高的利润，但是其建立和运营成本都很高。渠道管理的诀窍是再不同类型渠道之间找到适当的平衡，并整合它们来制造令人满意的客户体验，同时使收入最大化。

4. 客户关系

客户关系用来描绘公司与特定客户群体建立的关系类型。企业应该弄清楚希望和每个客户细分群体建立的关系类型。客户关系范围可以从个人到自动化。客户关系可以被以下几个动机所驱动：①客户获取；②客户维系；③提升销售额（追加销售）。

商业模式所要求的客户关系深刻地影响着全面的客户体验。企业构建客户关系时，牢记"我们每个客户细分群体希望我们与之建立和保持何种关系？哪些关系已经建立了？这些关系成本如何？如何把它们与商业模式的其他部分进行整合？"

我们可以把客户关系分成几种类型，这些客户关系可能共存于企业与特定客户细分群体之间，见表8-4。

表8-4 客户关系类型

类型	解读
个人助理	这种关系类似于人与人之间的互动。在销售过程中或者售后阶段，客户可以与客户代表交流并获取帮助。在销售地点，可以通过呼叫中心、电子邮件或其他销售方式等个人助理手段来进行
专用个人助理	这种关系类型包含了为单一客户安排的专门的客户代表。它是层次最深、最亲密的关系类型，通常需要较长时间来建立。例如，私人银行服务会指派银行经理向高净值个人客户提供服务。在其他商业领域，也能看到类似的关系类型，关键客户经理与重要客户保持着私人联系
自助服务	在这种关系类型中，一家公司与客户之间不存在直接的关系，而是为客户提供自助服务所需要的所有条件
自动化服务	这种关系类型整合了更加精细的自动化过程，用于实现客户的自助服务。例如，客户可以通过在线档案来定制个性化服务。自动化服务可以识别不同客户及其特点，并提供与客户订单或交易相关的信息。最佳情况下，良好的自动化服务可以模拟个人助理服务的体验

续表

类型	解读
社区	目前,各公司正越来越多地利用用户社区与客户/潜在客户建立更为深入的联系,并促进社区成员之间的互动。许多公司都建立了在线社区,让其用户交流知识和经验,解决彼此的问题。社区还可以帮助公司更好地理解客户需求
共同创造	许多公司超越了与客户之间传统的客户—供应商关系,而倾向于和客户共同创造价值。亚马逊书店就邀请顾客来写书评,从而为其他图书爱好者提供价值。有的公司还鼓励客户参与到全新的和创新产品的设计中来。例如,YouTube 请用户来创造视频供其他用户观看

5. 收入来源

收入来源用来描绘公司从每个客户群体中获取的收入。考虑收入来源时,企业必须问自己:"什么样的价值能够让各客户细分群体真正愿意付款?"只有回答了这个问题,企业才能在各客户群体上发掘一个或多个收入来源。每个收入来源的定价机制可能不同,如固定标价、谈判议价、拍卖定价、市场定价、数量定价或收益管理定价等。

这些问题还包括"什么样的价值能让客户愿意付费?""他们现在付费买什么?""他们是如何支付费用的?""他们更愿意如何支付费用?""每个收入来源占总收入的比例是多少?"表 8-5 给出了可以获取收入的几种方式。

表 8-5 收入来源

类型	解读
资产销售	最为人熟知的收入来源方式是销售实体产品的所有权。亚马孙在线销售图书、音乐、消费类电子产品和其他产品
使用收费	这种收入来源通过特定的服务收费。客户使用的服务越多,付费越多。电信运营商可以按照客户通话时长来计费。旅馆可以按照客户入住天数来计费。快递公司可以按照运送地点的距离来计费

续表

类型	解读
订阅收费	这种收入来自销售重复使用的服务。一家健身房可以按月来按年以会员制订阅方式来销售健身设备的使用权
租赁收费	这种收入来源于针对某个特定资产在固定时间内的暂时性的排他使用权的授权。对于出借方而言,租赁收费可以带来经常性收入的优势。另一方面,租用方式或承租方可以仅支付限时租期内的费用,而无须承担购买所有权的全部费用
授权收费	这种收入来自将受保护的知识产权授权给客户使用,并换取授权费用。授权方式可以让版权持有者不必将产品制造出来或者将服务商业化,仅靠知识产权本身即可产生收入。授权方式在媒体行业非常普遍,内容所有者保留版权,但是可以将使用权销售给第三方。同样,在技术行业,专利持有人授权其他公司使用专利技术,并收取授权费作为回报
经纪收费	这种收入来自为了双方或多方之间的利益所提供的中介服务而收取的佣金。例如,信用卡提供商作为信用卡商户和顾客的中间人,从每笔销售交易中抽取一定比例的金额作为佣金。同样,股票经纪人和房地产经纪人通过成功匹配卖家和买家来赚取佣金
广告收费	这种收入来源于为特定的产品、服务或品牌提供广告宣传服务。传统上,媒体行业和会展行业均以此作为主要收入来源。近几年,在其他行业包括软件和服务,也开始逐渐向广告收入倾斜

各种收入来源都可能有不同的定价机制。定价机制类型的选择就产生收入而言会有很大的差异。定价机制有两种主要的形式:固定定价(根据静态变量而预设价格的定价)和动态定价(根据市场情况变化而调整的定价),见表8-6。

表8-6 定价类型

	固定定价		动态定价	
标价	单独产品、服务或其他价值主张的固定价格	协商定价（谈判定价）	双方或多方商定价格,最终的价格取决于谈判能力或谈判技巧	
基于产品特性的定价	基于价值主张特性的数量或质量的定价	收益管理定价	基于库存量和购买时间的定价(通常用于易损资源)	

续表

	固定定价	动态定价	
基于客户细分的定价	基于客户细分群体的类型和特点定价	实时市场定价	价格基于市场供求的动态关系决定
数量定价	基于客户购买的数量定价	拍卖定价	价格根据竞拍结果决定

【主题案例】58同城收入模式 ❶

58同城是中国领先的生活服务类网站，公司创始人姚劲波业务上参照"阿里巴巴B2B＋淘宝＋百度"，分别对应58"会员收费（认证服务）、增值收费（信息置顶、竞价排名）、广告（点击付费）"三种收入模式。这种收入模式是58同城从2009年起就已稳定下来的商业模式。现在会员收入占总收入约50%，增值收费约30%，广告收入约20%。

6. 核心资源

核心资源是用来描绘让商业模式有效运转所必需的最重要要素。每个商业模式都需要核心资源，这些资源使企业组织能够创造和提供价值主张、接触市场，与客户细分群体建立关系并赚取收入。核心资源可以是实体资产、金融资产、知识资产或人力资源。核心资源既可以是自有的，也可以是公司租借的或从重要伙伴那里获得的。

思考核心资源时，关键的问题有"我们的价值主张需要什么样的核心资源？""我们的渠道通路需要什么样的核心资源？"及"我们的客户关系呢？收入来源呢？"

（1）实体资产。

实体资产包括实体的资产，诸如生产设施、不动产、汽车、机器、系

---

❶ 虎嗅网.58同城如何摸石头过活.创业家[J]，2012（11期），105.

统、销售网点和分销网络等。沃尔玛和亚马逊等零售企业的核心资产就是实体资产，且均为资产集约型资产。沃尔玛拥有庞大的全球店面网络和与之配套的物流基础设施。亚马逊拥有大规模的 IT 系统、仓库和物流体系。

（2）知识资产。

知识资产包括品牌、专有知识、专利和版权、合伙关系和客户数据库，这类资产日益成为强奸商业模式中的重要组成部分，虽然知识资产的开发很难，但成功建立后可以带来巨大价值。

快速消费品企业例如耐克和索尼主要依赖品牌为其核心资源，微软和 SAP 依赖通过多年开发所获得的软件和相关的知识产权。宽带移动设备芯片设计商和供应商是围绕芯片设计专利来构建其商业模式的，这些核心资源为该公司带来了大量的授权收入。

（3）人力资源。

任何一家企业都需要人力资源，但是在某些商业模式中，人力资源更加重要。例如，在知识密集产业和创意产业汇总人力资源是至关重要的。制药企业，如诺华公司，在很大程度上依赖人力资源，其商业模式基于一批经验丰富的科学家和一支强大娴熟的销售队伍。

（4）金融资产。

有些商业模式需要金融资源抑或财务担保，如现金、信贷额度或用来雇用关键雇员的股票期权池。电信设备制造商爱立信提供一个在商业模式中利用金融资产的案例。爱立信可以选择从银行和资本市场筹资，然后使用其中的一部分为其客户提供买方融资服务，以确保是爱立信而不是竞争对手赢得订单。

7. 关键业务

关键业务是用来描绘为了确保其商业模式可行，企业必须做的最重要的事情。任何商业模式都需要多种关键业务活动。这些业务是企业得以成功运营所必须实施的最重要的动作。正如核心资源一样，关键业务也是创造和提供价值主张、接触市场、维系客户关系并获取收入的基础。而关键业务也会因商业模式的不同而有所不同。例如，对于微软等软件制造商而言，其关键业务包括软件开发，对于戴尔等电脑制造商来说，其关键业务包括供应链管理；对于麦肯锡咨询企业而言，其关键业务包含问题求解。

思考关键业务时，需要关注的问题有"我们的价值主张需要哪些关键业务？""我们的渠道通路需要哪些关键业务？"及"我们的客户关系呢？收入来源呢？"

（1）制造产品。

这类业务活动设计生产一定数量或满足一定质量的产品，与设计、制造及发送产品有关。制造产品这一业务活动是企业商业模式的核心。

（2）问题解决。

这类业务指的是为个别客户的问题提供新的解决方案。咨询公司、医院和其他服务机构的关键业务是问题解决。它们的商业模式需要知识管理和持续培训等业务。

（3）平台/网络。

以平台为核心资源的商业网模式，其关键业务都是与平台或网络相关的。网络服务、交易平台、软件甚至品牌都可以看成是平台。此类商业模式的关键业务与平台管理、服务提供和平台推广相关。

8. 重要伙伴

重要伙伴是用来描述让商业模式有效运作所需的供应商与合作伙伴的网络。企业会基于多种原因打造合作关系，合作关系正日益成为许多商业模式的基石。很多公司创建联盟来优化其商业模式、降低风险或获取资源。

合作关系一般可分为以下四种类型：①在非竞争者之间的战略联盟关系；②竞合：在竞争者之间的战略合作关系；③为开发新业务而构建的合资关系；④为确保可靠供应的购买方—供应商关系。

思考重要伙伴时，聚焦的问题是"谁是我们的重要伙伴？""谁是我们的重要供应商?""我们正在从伙伴那里获取哪些核心资源?""合作伙伴都执行哪些关键业务?"

(1)商业模式的优化和规模经济的运用。

伙伴关系或购买方——供应商关系的最基本的形式,是设计用来优化资源和业务的配置。公司拥有所有资源或自己执行每项业务活动是不合逻辑的。优化的伙伴关系和规模经济的伙伴关系通常会降低成本,而且往往涉及外包或基础设施共享。

(2)风险和不确定性的降低。

伙伴关系可以帮助减少以不确定性为特征的竞争环境的风险。竞争对手在某一领域形成了战略联盟而在另一领域展开竞争的现象很常见。

(3)特定资源和业务的获取。

很少有企业拥有所有的资源或执行所有其商业模式所需要的业务活动。相反,它们依靠其他企业提供特定资源或执行某些业务活动来扩展自身能力。

9. 成本结构

成本结构是用来描绘运营一个商业模式所引发的所有成本。创建价值和提供价值、维系客户关系及产生收入都会引发成本。这些成本在确定关键资源、关键业务与重要伙伴后,可以相对容易地计算出来。

思考成本结构时,核心的问题有:"什么是我们商业模式中最重要的固定成本?""哪些核心资源花费最多?"及"哪些关键业务花费最多?"

(1)成本结构的类型。

概括起来,有成本驱动和价值驱动这两种成本结构类型,许多商业模式的成本结构介于这两种极端类型之间。

①成本驱动。成本驱动的商业模式侧重于在每个地方尽可能地降低成本。这种做法的目的是创造和维持最经济的成本结构,采用低价的价值主张、最大程度自动化和广泛外包。

②价值驱动。有些公司不太关注特定商业模式设计对成本的影响,而

是专注于创造价值。增值性的价值主张和高度个性化服务通常是以价值驱动型商业模式为特征的。

（2）成本结构的特点。

①固定成本。不受产品或服务的产出业务量变动影响而能保持不变的成本，如薪金、租金、实体制造设施。有些企业，比如那些制造业的公司，是以高比例固定成本为特征的。

②可变成本。伴随商品或服务产出业务量而按比例变化的成本。

③规模经济。企业享有产量扩充所带来的成本优势。例如，规模较大的公司从更低的大宗购买费用中受益。随着产量的提升，这个因素和其他因素一起，可以引发平均单位成本下降。

④范围经济。企业由于享有较大经营范围而具有的成本优势。例如，在大型企业，同样的营销活动或渠道通路可支持多种产品。

主题 2　商业模式设计

商业模式设计分别有六种方法：客户洞察、创意构思、可视思考、原型制作、故事讲述和情景推测。这六种方法的次序正是商业模式设计的基本逻辑。

1. 客户洞察

采用客户视角是整个商业模式设计过程的指导原则。应该让客户视角来指引我们关于价值主张、渠道通路、客户关系和收入来源的选择。这并不意味着要完全按照客户的思维来设计商业模式，但是在评估商业模式的时候需要把客户的思维融入进来。碰到的挑战：①建立对客户的彻底理解，并基于这种理解进行商业模式设计的选择；②知道该听取哪些客户和忽略哪些客户的意见。

为了真正理解客户，可以考虑使用"移情图"（Empathy map），这个工具可以帮助你超越客户的人口学特征，更好地理解客户的环境、行为、关注点和愿望。这样做的话，可以开发出更强大的商业模式，因为对客户的深入理解可以指导我们设计更好的价值主张，更方便地接触客户的途径和更合适的客户关系。最终，这个工具可以让你更好地理解客户为什么愿意付钱。

如何使用客户移情图呢？首先，找出你的相关商业模式中可提供服务的所有客户细分群体。选出三个有希望的候选人，并选择一个开始客户描述分析。分析时，首先给这个客户一个名字和一些人口统计的特征，诸如收入、婚姻状况，等等。然后，参考表 8-7，通过询问和回答以下六个问题，在活动挂图或白板上描绘你新命名的客户。

表 8-7 焦点问题分类

焦点问题	解读	具体问题
她看到的是什么？	描述客户在她的环境里看到了什么	环境看起来像什么？ 谁在她的周围？ 谁是她的朋友？ 她每天接触什么类型的产品或服务（相对于所有市场产品或服务） 她遭遇的问题是什么
她听到的是什么？	描述客户所处环境是如何影响客户的	她的朋友说什么？她的配偶呢？ 谁能真正影响她？如何影响？ 那些媒体渠道能影响她？
她真正的想法和感觉是什么？	设法描述你的客户所想的是什么？	对她来说，什么是最重要的（她可能不公开说）？ 想象一下她的情感。什么能感动她？ 什么能让她失眠？ 尝试着描述她的梦想和愿望？
她说些什么又做些什么？	想象这位客户可能会说什么或者在公开场合可能的行为	她的态度是什么？ 她会给别人讲什么？ 要特别留意在客户所说和她真正想法与感受之间的潜在冲突
这个客户的痛苦是什么？		她最大的挫折是什么？ 在她和她想要事物或需要达到的目标之间有什么障碍？ 她会害怕承担哪些风险？
这个客户想得到什么？		她真正想要和希望达到的是什么？ 她如何衡量成功？ 猜想一些她可能用来实现某目标的策略

2. 生成创意

设计新的商业模式时，面临的一个挑战是忽略现状、忘记过去，别死盯着竞争对手挑战正统观点，这样我们才能得到真正的全新创意。

创意构思分为两个主要阶段：①创意生成，这个阶段重视数量；②创意合成，讨论所有的创意，加以组合，并缩减到少量可行的可选方案。

生成商业模式的创意，这两种方式可供选择：一个是使用商业模式画布来分析商业模式创新的核心问题，另一个是使用"要是这样（what if）"的提问方式。

（1）商业模式创新的多个集中点。

商业模式创新的创意可以来自任何地方，涉及的9种要素都可以是创新的起点。综合起来，可以把这些创新区分为5类不同集中点的商业模式创新：资源驱动、产品/服务驱动、客户驱动、财务驱动和多中心驱动。

①资源驱动。资源驱动型创新起源于一个组织现有的基础设施，抑或合作关系拓展，抑或转变现有商业模式。

②产品/服务驱动。产品/服务驱动型创新是以建立新的价值主张的方式来影响其他商业模式的构成要素。

③客户驱动。客户驱动型创新是基于客户需求、降低获取成本或提高便利性。就像所有从单一集中点所引发的创新一样，来自客户驱动的创新同样可以商业模式的其他构成要素。

④财务驱动。财务驱动创新是由收入来源、定价机制或成本结构来驱动的，同样影响商业模式的其他构成要素。

⑤多中心驱动。多中心驱动创新是由多个集中点驱动的，并会显著影响商业模式的其他多个构成要素。

（2）创意构思的过程。

创意构思的过程的普遍做法：召集多样化的团队、全情投入创意、拓展创新点、条件筛选创意、最后完成"原型制作"。

①团队构成。关键问题：我们的团队是否有足够的多样性来创造新的商业模式构想？

召集合适的团队对于有效产生新的商业模式创意来说是必不可少的。团队成员应该具备多种不同的资历、年龄、经验水平及业务部门归属、客户知识和专业技能。

②全情投入。关键问题：在创造新的商业模式创意之前，我们需要研究哪些要素？

理想情况下，团队应该进行一个沉浸投入的过程，其中包括普遍研究、了解客户或潜在客户、审议新兴技术或者评估现有的商业模式。

③扩展。关键问题：针对商业模式的每个构成要素，我们都能想到哪些创新？

团队扩展可能解决方案的范围，旨在生成尽可能多的创意。商业模式的每个构成要素都可以成为创新的起点，所以这个阶段的目的就是数量，而不是质量。使用头脑风暴的方法可以促使人们持续专注于发掘新的创意，而不是过早进入评估各个创意的可行性的阶段。

④条件筛选。关键问题：什么是我们商业模式创意排序的最重要准则？

通过扩展可能的解决方案之后，团队需要定义条件准则，把创意减少到几个可管理的数目。条件准则应该与你自己的业务相关，可以包括诸如预期实施时间、收入潜力、潜在客户阻力和对竞争优势的影响等。

⑤原型制作。关键问题：每个入围创意的完整商业模式是什么样子的？

有了条件准则的定义，团队应该能把创意缩减到一个包括3~5个潜在商业模式创新优选的短名单。使用商业模式画布，将这些创意所代表的商业模式原型描绘出来，并把每个创意作为一个商业模式原型讨论。

3. 可视化思考

可视思考，是指用诸如图片、草图、图表和便利贴等视觉化工具来构建和讨论事情。因为商业模式是由各种要素及其相互关系所组成的复杂概念，不把它描绘出来将很难真正理解一个模式。

实现可视化，可以借助便利贴或者绘图来实现。使用便利贴有三个简单的指导准则：①使用粗的马克笔；②每张便利贴上只写一个元素；③每张便利贴上只写几个词以便捕捉要点。绘图甚至能比便利贴更加有效，因为相对于文字，人们对图画反映更强烈。图画可以在瞬间传递信息，简单的图画就能表达出需要大量文字才能表达的含意。

四个由视觉化思维改善包括：理解本质、促进对话、探索创意和促进交流。

（1）理解本质。

视觉化的语法：商业模式画布粘贴画是一个具有相应语法和视觉化语言功能的概念图形。它会告诉你哪些信息应该放入商业模式里，以及放在哪里。

抓住大局：通过描绘出商业模式画布上的所有元素，你可以立刻把商业模式大局呈现给观众。

查看关系：理解商业模式不仅需要了解各个组成元素，还需要把握各个元素之间的相互依存关系。

（2）促进对话。

收集参考点：在我们的大脑里都会有些隐性假设，贴出图像来可以将这些隐含的假设变成明确的信息，这是一种促进对话的有效方法。这使商业模式成为一个有形和持久的事物，并提供一个可供参与者随时返回的参考点。考虑到人们短时间内只能记住有限数量的创意，视觉化地描绘商业模式对于良好的讨论是必不可少的。

①共同的语言。商业模式画布就是一种公共的视觉化语言，它不仅仅提供了一个参考点，还提供了一个词汇表和语法来帮助人们更好地理解对方的观点。一旦人们熟悉了商业模式画布，它将成为了解商业模式组成元素和其内在联系，并聚焦讨论的有效工具。

②共同的理解。将商业模式视觉化是让群体达成共识的最有效的方法。来自企业不同部门人员可以深刻理解商业模式的各自相关部分，但是缺乏对商业模式的整体的把握。当专家们共同描绘一个商业模式的时候，参与其中的任何人都能理解商业模式的各个组成元素，并对元素之间的内在联系建立共同的理解。

（3）探索创意。

灵感促发器：商业模式画布成为促进创意对话的工具——每个人描绘

自己的创意，并与团队一起开发新的创意。

演示：视觉化的商业模式提供了演示的机会。用便利贴在墙上展示商业模式的各个要素。你可以与团队的其他成员讨论如何去掉一个元素或插入一个新元素时，会发生什么？例如，对于你的商业模式来说，如果你去除盈利最少的客户细分群体会怎么样？你能这么做吗？或者你需要这个无利可图的群体来吸引那些有利可图的客户群体吗？如果去除不盈利的细分群体，能否让你减少资源和降低成本并改善针对可盈利客户群体的服务？商业模式的视觉化可以帮助你彻底思考修改某个商业模式元素后所带来的系统性影响。

（4）促进交流。

建立全企业范围内的共同理解：当讨论一个商业模式及其重要元素的时候，一图胜千言。组织中的每个人都需要了解企业的商业模式，因为每个人都可能对商业模式的改善做出贡献，进而改良其商业模式。至少，员工之间需要建立对商业模式的共同理解，这样他们才能朝着同一个战略方向前进。

内部推销：在组织中，创意和计划通常需要推销给内部各个层面的成员，并获得他们的支持或资助。一个有效视觉化的故事可以弥补你的差距，并能为你赢得更多的共识以及支持你创意的机会。使用图像而不是文字来讲述商业模式故事更加有效，因为人们可以快速理解图像（所包含的信息）。良好的图像可以很容易地表达组织的现状，需要做什么，如何才能做到，未来可能是什么样子的。

外部推销：正如员工必须在内部"推销"创意一样，企业家也必须把那些基于新商业模式的计划"推销"给（外部）其他伙伴，如投资者或者潜在的合作者。强有力的视觉效果将大幅提升你成功的机会。

（5）讲述视觉化的故事。

解释商业模式的一个有效方式是讲故事，每次配一幅图像。一下子呈现一个完整的商业模式画布可能会让观众不知所措，用一张张图来介绍就好很多。常用的做法是在便利贴上预先绘制好所有元素，然后当你解释商业模式的时候，一张接一张地粘上来。这能够让观众跟随商业模式的构建过程，并对你的解释有视觉上的补充认知。表8-8表描述了视觉化的故事讲述活动。

表8-8 视觉化的故事的讲述步骤

步骤	具体操作说明
步骤1：绘制出商业模式	从绘制出一个简单文字版本的商业模式开始 每个便利贴上写上商业模式的每个元素 绘制可以独自或团队协作来完成
步骤2：画出每个商业模式元素	每次一张，拿着便利贴用绘图方式替代其中的文字所表现的内容 保持图像简单：忽略细节 只要能够传递信息，图画质量并不重要
步骤3：设定故事情节	当你将故事的时候，决定先放上去哪张便利贴 尝试不同的路径。你可以从客户细分群体开始，也可以从价值主张开始 基本上，如果元素可以有效支撑你的故事的话，从任何起点开始都是可能的
步骤4：讲述故事	讲述你的上月模式，每次画一张便利贴图画

4. 原型制作

原型制作来自设计和工程领域，在这些领域中，原型制作被广泛地用于产品设计、架构和交互设计。它很少用于企业管理，因为组织行为和战略的本质很少可以形象感知。这里的原型可理解为未来潜在商业模式实例（原型作为用于达到讨论、调查或者验证概念目标的工具）。商业模式原型可以用商业模式画布简单描绘成完全深思熟虑的概念形式，也可以表现为模拟了新业务财务运作的电子表格形式。

我们相信，全新的、可改变游戏规则的商业模式源自深入的、不懈的探究。表8-9对比了关于原型制作的传统见解和全新的思考。

表 8-9 原型制作的传统见解 VS 全新的思考

陈旧的见解	全新的思考
少数几个商业模式主导着行业	多个商业模式共存和交叉于行业间
由外到内：行业决定商业模式	由内向外：商业模式转变行业
线性思考	随机思考
过早选择商业模式	探索式选择商业模式
关注实现	关注设计
关注效率	同时关注价值和效率

根据原型制作完善程度的不同，可分为四种不同程度的原型（表 8-10）。

表 8-10 原型制作的制作阶段

制作阶段	解读	内容
阶段1：简单素描	概括和跑出一个粗略的想法	绘制一个简单的商业模式画布。使用关键元素描述这个想法； 概括想法； 包含价值主张； 包含主要的收入来源
阶段2：详细绘制画布	探索怎样才能让这个想法可行	绘制一个更详细的画布，探索可以让这个商业模式可行所需的所有元素； 绘制一个完整的画布； 考虑你的业务逻辑； 评估市场潜力； 理解各种构造块之间的关系； 做些基本事实检查
阶段3：商业案例	检查想法的可行性	把详细的画布转变成电子表格来评估模型的赢利能力； 制作完整的画布； 包括关键的数据； 计算成本和收入； 评估赢利潜力； 测试基于不同假设的财务场景

续表

制作阶段	解读	内容
阶段4：现场测试	调查客户的接受度和可行性	你已经决定了潜在的新商业模式，现在要进行实地测试某些方面； 为新模式准备一个站得住脚的商业案例； 在实地测试时，包括预期的和实际的客户； 测试价值主张、渠道、定价机制抑或市场中的其他元素

5. 故事讲述

讲故事是一种理想的工具，目的是利用了商业模式画布的说明能力。讲故事的目的、讲故事的好处有以下三点。

（1）让新创意不再抽象。

形容一个全新的、未经考验的商业模式就如同只用单薄的文字去描述一幅画作。但是讲一个故事告诉我们这个商业模式是如何创造价值的，这如同用色彩来装饰画布。就这样，新概念就又变得有形起来，而不再抽象了。

（2）要讲得清晰、易懂。

讲一个故事来描述你的商业模式是如何为客户解决问题的，可以清楚明白地把你的整个想法介绍给听众。故事为下一步详细地介绍你的商业模式提供了很大的支持和认同。

（3）调动员工的积极性。

比起逻辑，人类更容易被故事所打动和吸引。将你的模式所包含的逻辑融入有趣的故事叙述中，更能容易地将听众引入未知领域。

讲故事的目的，是要把一种新的商业模式以形象具体的方式呈现出来。故事的内容一定要简单易懂，主人公也只需要一位。结合观众的实际情况，你可以从公司的视角、客户的视角塑造出不同的人物形象，实现将事实与虚构之间的界限模糊化了。

要把故事讲得吸引人的技巧有很多，每种技巧有其优势和劣势，适用于不同的场合和听众。在了解了谁是你的听众，你会出席什么场合后，再来选择一种匹配的技巧（表8-11）。

表8-11 故事讲述描述

	谈话和图画	视频片断	角色扮演	文本和图画	连环图画
描述	用一幅或者几幅图画讲述主人公的故事和他所处的环境	借助视频讲述主人公的故事和他所处的环境，模糊现实和虚构的界限	让人们扮演故事中主人公的角色，呈现真实而具体得商业场景	用文字和图画来讲述主人公的故事和其所处的环境	用一系列的连环图画来生动具体地讲述主人公的故事
何时	小组或会议报告	面向大批观众的广播或内部讨论事关财务状况的决策	在有参与者介绍新设计的商业模式的研讨会上	面向大批观众的报告或广播	面向大批观众的报告或广播
时间和成本	低	中到高	低	低	低到中

6. 情景推测

情景推测把抽象的概念变成具体的模型。它的主要作用就是通过细化设计环境，帮助我们熟悉商业模式设计流程。

这里讨论两种类型的情景推测。第一种描述的是不同的客户背景：客户是如何适用产品和服务的，什么类型的客户适合它们，客户的顾虑、愿望和目的分别是什么。这种建立在客户洞察之上的情景推测更进一步，把对客户的了解融入一组独特、具体的图像。通过描述特定的场景，关于客户的情景推测就能把客户洞察具体形象地表现出来。

第二种情景推测描述的是新商业模式可能会参与竞争的未来场景。这里的目的并不是要去预测未来，而是要具体形象地草绘出未来的各种可能情况。在商业模式的创新中，运用这种情景规划技巧"迫使"我们去思考商业模式在特定的环境下可能的演变趋势，这样就加深了我们对于模式的认知和可能有必要调整的理解。

主题3　商业模式画布

> **学习目标**
>
> （1）了解商业模式画布的定义及其构成要素。
> （2）通过案例学会分析商业模式构成要素的基本技能。

1. 主题解读

商业模式画布是一种用来描述商业模式、可视化商业模式、评估商业模式，以及改变商业模式的通用语言。利用画布为读者提供一幅商业模式的即时视觉图，最好能用画布的方式来阐述各个元素，这样有利于理解、对话、探索和交流。

2.【主题案例】"愤怒的小鸟"的商业模式分析

"愤怒的小鸟"是一家芬兰的手机游戏开发商 Rovio 于 2009 年 12 月正式发布的一款游戏，在 Apple Store 首次登陆以来，迄今已经成功登陆了 Android、Symbian、PC、MAC、PSP 及 Chrome 等各大平台。这款简单生动的游戏一举成为苹果应用商店 2010 年最卖座的应用游戏，甚至被《纽约时报》评为 2010 "年度文化符号"，为 Rovio 公司创造了巨额盈利，使其从一个濒临被市场淘汰的公司摇身变为即将准备上市的公司。

问题：请用 PRIME 商业模式画布解读"愤怒的小鸟"。

【案例分析】

行业观察：生命周期短、快速响应市场的研发能力和产品推广力是致胜关键。整体来看，游戏市场钱景看好，但"称霸江湖"很不容易。

资源能力				项目		市场	
重要伙伴		组织内资源					
对象	平台提供商 社交化网络 娱乐公司	核心 资源	需求洞察力 产品研发 品牌运营（中期）	来源	大量的碎片化时间 低沉浸度及忍耐度 消费热点的移动应用	目标 客户	普通上班族和学生群体（碎片化时间）
贡献	渠道展示及 实现销售 流量资源	关键 业务	游戏设计 游戏品牌运 营（中期）	名称	愤怒的小鸟	渠道	移动互联网应用商店 社交网络巨头
利益	收入分成			价值 主张	简单好玩	客户 关系	高黏性社群
成本	游戏开发费； 租用（买）服务器； 技术人员的薪酬； 渠道费用； 游戏维护与更新费用（中期）			利润（万元） （缺财务数据）		下载收入 广告收入 周边产品收入（中期）	收入

"愤怒的小鸟"的目标市场是拥有碎片化时间的普通上班族及学生群体；价值主张是提供针对客户碎片化时间的乐趣与娱乐；渠道通路是那些移动应用商店和社交网络巨头，如 Apple Store、Android 平台、Symbian 平台、PC 平台、MAC 平台、PSP 平台、Chrome 平台，以及后期的 Facebook 平台；客户关系表现为与游戏玩家超强黏性的买卖关系，以及与苹果、谷歌等的平台的合作伙伴关系；三种收入来源分别为向用户直接收取下载费，向广告商收取在用户进行游戏前播放广告的费用及后期销售诸如毛绒公仔、iphone 手机保护壳、T 恤、蛋糕等游戏关联产品的费用；核心资源是精准把握客户需求，独特的产品研发优势；关键业务早期为简单而生动的游戏设计，后期为游戏品牌运营；重要伙伴包括世界最主要的平台提供商，社交

化网络及娱乐公司等，如苹果公司、Google公司、Symbian公司、Facebook公司、SONY公司、福克斯数字娱乐公司等；成本方面包括游戏开发费用、游戏维护及更新费用、技术人员的薪酬、租用或买服务器的投入、游戏代理费用及广告和推广的费用。

综观以上9大构成要素，我们认为《愤怒的小鸟》最主要的创新之处是其价值主张和渠道选择。

价值主张的创新点之一是顺应了技术和社会发展趋势。从技术方面来说，随着移动互联网的发展，新生代手机和其他智能、互联、便携式的移动产品将逐渐取代电视、个人电脑、收音机等传统电子产品，移动应用将是消费者关注的重点。从顾客角度，人们越来越面临时间碎片化的问题，并且在这些碎片化时间里的沉浸度及忍耐度都比较低。

价值主张的创新点之二是设计出了精准把握用户需求的产品。《愤怒的小鸟》的游戏设计角色设定鲜明，情节简单易懂，容易上手，任务结束迅速，正好满足了碎片化时间的需要；加之小鸟富有娱乐精神的声效与动画，就更能吸引游戏玩家了。

除此之外，渠道选择的创新在于选择了与有实力的渠道商的合作。与知名移动应用平台的合作迅速开启了市场大门，积累了品牌声誉。考虑到手机是最普遍的社交工具，Rovio早期市场选择从Apple Store和Symbian手机平台切入，获得了巨大成功；之后借助用户网络分享这种病毒式营销，从iphone手机、一般的智能手机、掌上游戏机到个人电脑程序及网络页面等，几乎覆盖了所有可以运用到互联网的设备。

3. 小结

商业模式以价值创造为核心，是创业者开发商业机会的重要思考，是新企业盈利的核心逻辑。商业模式的逻辑性主要表现在价值发现、价值匹配和价值获取三个依次递进的方面；价值发现即明确价值创造的来源，价值匹配即明确合作伙伴，实现价值创造；价值获取即制定竞争策略，占有创新价值。

商业模式包括"提供什么？""提供给谁？""如何提供？""收益如何？"四个视角，"目标市场""价值主张""渠道通路""客户关系""收入来源""核心资源""关键业务""重要伙伴"及"成本结构"则是商业模式的9大构成要素。

模块 9
商业计划书

模块内容

主题 1　商业计划书编写原则及技巧
主题 2　商业计划书展示

主题1　商业计划书编写原则及技巧

> **学习目标**
> （1）理解商业计划书编写的基本原则。
> （2）掌握商业计划书编写的基本技巧。

1. 商业计划的编写原则

拟一份优秀的商业计划书的确需要花费创业者很多时间和精力。由于它是潜在投资人接触新企业项目的第一步，因而值得努力去做好。

每一份计划书都是唯一的，关键在于把"故事"讲明白，即认真地描述创新产品的新奇性和价值，以及创业团队的商业化热情。

商业计划的一个重要目的就是募集分先投资，风险投资家评价商业计划的原则是创业者需要重点了解的一个问题。

（1）商业计划书必须一开始就吸引人。

风险投资家和其他潜在资金提供者一般都富有远见，而且经验丰富。投资决策往往迅速做出，而且很少出现逆转情况。这就意味着，如果想成功，你的商业计划必须一开始就吸引人，并且能一直吸引他们。

商业计划书从概要开始，概要是商业计划书的第一个主要部分，某种程度上说，也是最重要的部分。其中，必须能够间接而又睿智地说明企业的价值（即独特资源将创造竞争优势）等问题。具体来说，这一部分既能够传达创业者高涨的创业热情，又能充分说明新企业创意的价值及有效整合开发创意的创业团队。

（2）管理团队和市场机会的价值是两项关键的要素。

调查表明，风险投资和天使投资都相信管理团队及市场机会是两项关键的投资标准。这并不是说产品特征、财务预期等不重要，而在评审商业计划书的过程中，投资人注重对各自要素间的复杂作用关系进行考察。有时候，甚至在对产品和技术本身进行评价之前，由于管理团队或市场机会存在明显问题，因而停止某项投资交易是很容易的。投资人似乎相信，管理团队、市场机会作为一种评价指示器，要比产品特征等更容易做出快速评价。

也就是说，归根结底，新机会创意的质量及整合创意的人或创业者的素养才是至关重要的。如果创意不合理或没有什么经济上的潜力，那么不管商业计划书写得多精彩、多有说服力，有经验的投资者都会立刻识别出来。所以，在决定投入大量时间和精力，去准备一份令人印象深刻的商业计划书之前，创业者首先必须获得有关新企业创意的反馈。如果创意本身价值不大，创业者应立即停下来，因为继续下去肯定是在浪费时间。同样重要的是，创意及其开发必须与创业者或团队的追求和能力相匹配。

（3）商业计划要体现真实性。

商业计划书本质上是创业者对如何将创业意愿及创意转化为盈利事业的一种规划。不可否认，人们本来不可能完全预知未来，而且快速变化、不确定性很强的新奇技术和市场预测更加会受到信息获取的限制。事实上，即使创业活动面临很大不确定性，创业者也应该努力确保计划书信息的相对真实性。否则，潜在投资人怎么会把自己的真金白银给你呢？

所谓真实性，是指市场预测必须建立在对目标市场的现有信息进行分析的基础上。当然，现实情况是许多处在早期发展阶段的技术型企业最终可能定位完全不同的市场。但是，我们需要把当前能够获得的真实信息记录下来，同时时刻保持对环境变化的警觉。如果目标市场非常不确定，创业者应该直接说明这一不确定性。这就是睿智的投资家总是更愿意投资于可靠的、具有竞争力的团体，因为他们能够技术识别正确市场中的正确产品，不管计划书中事先是如何写的。具体来说，商业计划的真实性表现在以下几方面。

①顾客分析的真实性。创业者应尽力根据潜在的顾客反馈的信息来编写计划书。一家新企业还没有确定目标顾客,并没有什么。而如果企业从未尝试获取潜在顾客的信息反馈,则是不应该的。人们往往把这一过程与"市场研究"混淆。市场研究是指对市场规模大小的分析,而顾客研究则是对真正的顾客需求是什么,以及特定的产品或服务能否满足这些需求的分析。

研究认为,创业者应该至少与10位潜在的顾客进行沟通。潜在顾客一般是企业与终端用户之间的个人和组织,这样才能提出相对可信的收入模型。当然,具体访谈人数会因行业不同有所差异。一般来说,10位基本上能够满足顾客如何应用新技术的需要。在访谈中涉及的主要问题:

- 你们在生产产品或提供服务的过程中,尚未解决的最大问题是什么?
- 你们现在使用的技术是否限制性很大?
- 如果你们拥有这种新技术,将会如何使用它?
- 什么样的技术创新能够满足你们的价值需要?

② 市场分析的真实性。对一项新奇的、具有市场变革意义的新技术来说,进行市场分析存在极大难度。而创业者又往往相信未证明的市场,投资人却确信创业者倾向于对事情过度乐观。无论提供多少研究得细节,持有怀疑态度的投资人从来都不会相信创业者对市场的预测,现实性市场分析应恰当描述市场规模,以帮助投资人个人进行相关决策。

一些公开的市场调研信息及谷歌搜索都能够提供这种快速的市场规模评价。例如,我们发现,通过搜索行业的关键词,能够很快获取相关行业的统计信息。与行业人士及顾客就真正的目标市场进行讨论的时候,我们需要集中在目标市场的特征方面,比如这种技术的具体应用是什么?能为使用者创造什么价值?依据这方面的信息,基本可以推断出市场的规模。

③ 竞争分析的真实性。竞争者分析一般会面临这样的困境:一是现有竞争者不可能与新技术进行竞争;二是由于保密或规避竞争的原因,真正的竞争者不可能很容易被识别出来。可是,优秀的商业计划既要识别明显的竞争者,又要识别潜在的竞争者。这样做的好处是提醒创业者不应该开

发存在过渡竞争的的机会或市场，同时使得投资者相信创业者为评估竞争环境做出了相应努力。快速识别竞争者的过程如下：

- 在百度或其他网站搜索特定产品或服务关键词；
- 利用国家专利数据库搜索相关专利；
- 与著名的行业顾问进行探讨。

④ 收入计划的真实性。商业计划中，经常会发现这样的描述：根据××，××市场规模是××元；如果我们能够捕捉到5%的市场，那么我们的年收入是××亿元。

这种分析一方面忽视了把技术投放市场的任何定价因素，另一方面还回避了顾客购买决策是如何做出的，为什么5%的顾客会转向接受新技术等重要问题。问题是如果创业技术比其他现有技术有更多优势，那么企业为什么不努力拥有50%或者75%的市场份额呢？

一种有效的评估需求的方法叫"自下而上"的方法。这种方法首先识别具体的可能接受新技术的顾客，叫作"早期接受者"。一些情况下，可以给出基于当前市场评估的价格范围和顾客目标数量。可见，顾客研究是合理信息的起点。建立在潜在顾客信息基础上的收入计划要好于基于市场的分析计划。了解顾客如何购买产品是进行合理收入规划的第一步。

2. 编写技巧

根据以上编写原则，为了使商业计划书脱颖而出，并最终获得风险投资的青睐，创业者应认真做到：

①确保新企业创业的价值性，并拥有高素质的管理团队。

②认真负责、充满智慧地按适当的商务格式进行编排和准备计划。

③商业计划书的执行摘要简洁、论之有据。既要充分描述创业热情，又不失规划的真实性。

除了遵循一定的编写原则外，还要掌握一些编写的技巧，具体有如下表现。

(1)结构体例方面。

一般来说,商业计划书的结构和体例相对固定。尽管对此没有硬性规定,但创业者不要单纯为了创新而偏离一般结构或使用过多格式。同时,又不能直接套用一些商业计划书软件包所提供的样板文件。即便这样的确能够使计划变得专业化,但是计划书必须基于特定市场调研数据和事实来编写,以充分表明新企业的可预测性及创业者的激情。

计划书的体例也需要努力做到更好,应看上去比较讲究,同时又不能给人浮华浪费的印象。可以采用透明的封面和封底包装计划书,不要过度使用文字处理工具,如粗体字、斜体字、字体大小和颜色等,否则会使计划书显得不够专业。而一些体例上的用心却可以显示你的细心。例如,如果企业有设计精美的徽标,应该把它放在计划书封面页和每一页得眉题上,一些图表颜色与徽标的匹配设计,也会充分显示你的用心,同时容易吸引人的眼球,给读者留下深刻印象。

按照上文提到的计划书一般可是逐项检查商业计划书,不能有任何遗漏和错误。比如,有些商业计划书竟然在封面上漏掉了联系方式,缺封面页或有明显的排印错误。这样一些小疏漏,缺会使投资人认为准创业者是粗心的、不负责任的、准备不充分的,进而影响其投资决策。

(2)内容设计与组织方面。

根据上文提到的真实性编写原则,计划书的内容应建立在市场调研或其他间接来源的真实数据的基础上。因而,在编写正文过程中,可以先组织编写顾客和市场分析这一部分,再结合企业发展目标辨析产品开发及财务等信息。在实践中,创业者经常对财务部分花费大部分实践,描述详细的财务计划,恰恰忽略了市场调研,是不可取的。

计划书的内容编写体现为一种过程,随着编写工作的深入,准创业者或创业者能够获取的新市场、潜在顾客等相关信息越来越多,或越来越具体。这时候,计划书也要做出相应调整。与掌握越来越多的相关信息时,准创业者或创业者的个人目标的追求也会随之改变,这些都会影响到企业所有权方式、销售预期、盈利预期及融资方式等方面的决策。所以,计划书的内容设计是动态的过程，随时都需要进行调整。因此，在这一过程中，需要以坦诚的态度、开放的心态，不断修改、完善计划书。

与计划书相关信息的获取有很多方式，如针对新奇市场和技术，没有现成的行业信息时，就需要花费精力和时间进行市场调研。

另外，内容设计与信息组织过程中需要多考虑投资人的看法与感受。毕竟计划书在反映实际情况的同时还需要说服别人。尤其是高科技企业编写财务计划时要表达一种"有益于投资人"的良好态度，即表明企业理论上具有创造10倍回报的潜力。比如，内部投资报酬率分析表明，国外风险投资一般寻求的是4~6年成长为年收入5000万美元的投资机会。许多商业计划一般都标明第5年的营业收入将达到5000万~1亿美元，这也就不奇怪了。

（3）细节处理方面。

计划书内容需要尽全力规避不该有的错误，无论商业计划书的其他部分有多好，都必须绝对避免这些使计划书注定被拒绝的错误。哪怕你只犯了一个错误，都会使从老练的投资者那里获得帮助的可能性降到最低。表9-1列举了商业计划书并应该有的错误。

表9-1　商业计划书不应有的错误及解释

错误	解释
概要太长而且松散，未能说准要点	简明扼要有全面，具体见文中案例
没有清楚回答人们问什么想购买这种产品。	只说产品有价值，却忽视了潜在顾客的调研
没有对管理团队资格给予清晰的陈述	管理团队的个人简历需用附录具体说明，否则准投资人会认为管理团队没有经验
过于乐观的财务预期	盲目乐观会失去可信度，需根据实际调研做出合理预期
界定的市场规模过于宽泛	企业的市场规模应是目标市场，而不是产业市场

续表

错误	解释
隐藏和回避不足与风险	准投资人会认为计划不够深入
没有清晰回答产品所处的阶段	说明产品开发工作或是没有真正开展或是不具有合理性
认为没有竞争者	说明缺乏深入、认真的市场调研
任何形式上的错误	排版、语句错误,以及资产负债表的不平衡等

主题 2　商业计划书展示

> **学习目标**
>
> （1）了解并学会展示商业计划书的核心内容。
> （2）了解商业计划书的框架结构。

1. 展示（演讲）

展示创业计划是创业者展示自己能力的大好机会，同时也是创业投资者考察创业者的关键阶段。尽管项目好坏才是创业投资者考虑的主要方面，但是大多数情况下，创业投资者不会将资本交给一个连自己创意都表达不清楚的人。在做好包括推测对方可能提出的问题、如何应付展示期间可能出现的意外，以及确定展示重点等信息调查与前期准备工作后，创业计划书进入实质展示阶段。

在展示（演讲）过程中，应该保持条理清晰的风格，要有针对性，突出市场前景以吸引投资者的注意力。如果没有特殊要求，展示者不要过分强调技术因素或故意使技术环节复杂化。此外，创业者还需要注意掌握以下几个细节：包括在展示前不要发放有关管理经营费用的材料；在展示中用热情洋溢的语言表达；积极与投资者互动，但不要与投资者发生争执；如果对于投资者的提问没有事前妥善准备，可以用"另外，需要补充的是……"进行弥补；展示即将结束时，插入一些表格资料向与会者说明公司的财务状况；在展示休息时间，在投资者离场后，简短总结展示的效果及需要改进之处；展示期间积极记录、展示后重新整理会议记录与讲演内容等。展示（演讲）PPT制作步骤如下。

展示过程要严格控制时间，在规定的时间内对项目中有吸引力的部分充分地展现给投资者，吸引投资者的兴趣。应在有限的时间内把握好陈述的关键部分，并且有一定的技巧性，切忌泛泛陈述。一般来讲，口头陈述仅需要使用10~15张幻灯片，创业者的常见错误就是因准备的幻灯片过多而不得不在规定时间（一般为30分钟）内走马观花地结束陈述，这就使投资者无法充分了解需要的信息。因此，创业者在陈述的过程中不要追求全面，要抓住重点，尤其是投资者可能感兴趣的部分。下面提供了一份用12张幻灯片组成的演讲内容❶：

（1）概述。主要内容包括产品或服务的简要介绍、演讲要点的简单介绍、这项商业活动带来的潜在收益（商业的、社会的及财务的）的简要介绍。这张幻灯片应该使观众对于这项创业计划及它的潜在价值有总体上的认识。适合插入一些故事、轶事或统计数据，向人们展示这项计划的重要性。

（2）问题（尚待解决的问题和未满足的需求）。这部分是陈述的核心内容，主要内容包括说明亟待解决的问题、通过调查研究实证问题、问题的严重性。这张幻灯片首先要提出问题，接着说明你的公司就是为了解决这个问题的。

（3）解决方式。说明你的公司提供和问题的解决办法，展示你的解决方法与其他解决方案想不到的独特之处。展示你的解决方案在多大程度上改变顾客的生活，是更高效还是更实用。说明为了防止他人短期内抄袭你的方案设置了什么障碍。这张幻灯片说明你的公司提供和问题的解决方法，证明为什么你的而解决方案优于别人。你是怎样防止他人复制你的创意的。

（4）机会、目标市场。主要内容包括清楚地定位具体目标市场，描述保持目标市场广阔前景的商业和环境趋势。最好能用图表展示目标市场的规模、预期销售额（最少三年）和预期市场份额，说明怎样达到你的销售额，准备好解答对于数据的疑问。这张幻灯片清楚地定位具体目标市场，

---

❶ 布鲁斯.R.巴林.创业计划 从创意到执行方案.机械工业出版社，2009.10.

如果你认为有必要，用图示表明怎样进行市场细分。用语言展示你对目标市场以及消费行为已经相当了解。具体说明保持目标市场广阔前景的相关趋势。

（5）技术。如果有需要，介绍你的技术、产品（或服务）的独特之处。展示你产品的图片、相关描述或样品。如果可以的话，演讲时最好能展示产品的样品。说明可能涉及的知识产权问题。这张幻灯片并非必需，但通常情况下都会有。你必须介绍你的技术或产品和服务的任何不寻常之处，务必使用通俗易懂的语言。

（6）竞争者。主要内容包括详述你的直接的、间接的、未来的竞争者。展示你的竞争分析方格，通过竞争分析方格说明你与竞争对手相比的竞争优势，说明为什么你的竞争优势是持久的。如果你的退出策略是被某个实力更强的竞争对手收购，不妨在这里提出这种可能性。这张幻灯片展示你面临的竞争格局。不要保守地陈述你目前及将来面临的竞争情况以致降低可信度。通过竞争者分析方格从视觉上更加直观地描述你的竞争优势。

（7）市场和销售。主要内容包括描述你的总体市场计划，并描述你的定价策略。说明你的销售过程，说明行业内消费者（厂商）的购买动机是什么，怎样唤起消费者对你的产品或服务的注意，产品怎么样抵达最终消费者，自己培育销售力量还是与中间商合作。这张幻灯片从描述你的总体市场计划开始，说明你的定价策略，是使用成本加成定价法还是价值定价法。阐明你的价格与竞争对手相比如何，说明你的销售过程。

（8）管理团队。主要内容包括介绍你现有的管理团队，介绍他们的个人背景与专长及对这份事业的成功发挥了怎样的重要作用，介绍团队如何展开合作。说明管理团队现存的缺陷及你打算如何弥补。简要介绍你的董事会或顾问委员会成员。观众会把管理团队看作你事业成功的一个关键因素。如果你已集结了一批优秀的队伍，可以简要地谈谈你是如何用自己的理念感染他们的。

（9）财务规划。主要内容包括介绍未来3~5年你总体的收入规划及现金流规划。务必保证如果有人对细节问题询问时有实际的数据支持。对你的数据要了如指掌，并对数据背后的假设进行解释。按行业规范给出你的预计销售利润率。

（10）现状。用数据突出已经取得的重大进展，介绍发起人、管理团队、前期投资者已经向企业投了多少资金，说明这些资金是如何被使用的。介绍企业现有的所有权结构，介绍企业的产权形式（如有限责任公司、非纳税公司、普通公司）。这张幻灯片通过企业已取得的重大进展介绍企业的现状。投资者特别关注你的资金使用是否有效率，不要削减已取得成果的价值。

（11）财务要求。主要内容包括介绍你想要融资的渠道及资金的使用方式，渠道和资金使用凡事的介绍要尽可能具体，尤其是资金的使用方式。介绍资金筹得后预期能取得的重大进展。这张幻灯片具体介绍你想要融资的数目及资金的使用方式。如果你的演讲对象是股权投资者，那么你就要准备阐述拟让渡出多少股份。如果想获得银行贷款，应交代清楚想获得银行贷款的期限。

（12）总结。当演讲接近尾声时，要总结一下在风险创业和创业团队中最具优势的地方（最多三点），要介绍企业的退出策略。如果面对的是银行股权投资者的话，就要征求反馈信息。主要内容包括总结介绍企业的最大优势，总结介绍创业团队的最大优势，介绍企业的退出战略，征求反馈，如果有可能的话召开后续会议。

2. 商业计划书的框架结构

一般来说，创业计划主要包括封面、扉页、正文、附录四部分[1]。

（1）封面。

创业计划书封面部分一般应出现以下内容：编号、保密等级（秘密、机密、绝密）、标题、落款和时间等。其中，标题应体现核心主题，使人一目了然。

封面是创业计划书的"脸面"，最好单独成页。此外，根据项目内容

---

[1] 张天桥，等. 大学生创业第一步[M]. 北京：清华大学出版社，2008.

和阅读对象的不同，封面可以适当包装。一般而言，计划书封面设计应该简洁大方，以不加图案为宜，但对于已有某种成果或具体规划图案的项目，也可以将图案作为封面背景，以凸显主题。

（2）扉页。

扉页部分主要有上下两部分内容：上半部分提出保密要求或提供机构简介（便于阅读者对机构进行初步了解）。这些内容可根据具体情况进行适当修改或删除，有时也可以省略不写；下半部分提供机构的联系方式，以便于阅读者（投资者、合作者）调查核实公司情况并与策划者取得联系。

（3）正文。

这部分是整个计划书的核心。一般来说，这部分主要包括执行概要、产品与服务、市场分析、管理团队、财务分析、风险控制等内容。这些内容之下又包括若干小的内容，其内容的逻辑性和完整性将体现一份创业计划书的组织写作水平，因此，正文部分的写作尤为重要。附录给出了创业计划书内容的框架结构，可作为计划内容的参考结构。

（4）附录。

封面
目录
1. 执行摘要 　　A. 简介 　　B. 企业描述 　　C. 产业分析 　　D. 市场分析 　　E. 市场计划 　　F. 管理团队和公司结构 　　G. 运营和开发计划 　　H. 融资计划 　　I. 所需资金
2. 新创意及产品的形成背景和企业目标 　　A. 企业基本情况（法律形式、所有权结构、财务状况） 　　B. 新产品 　　C. 公司目标

续表

目录

3. 市场和顾客分析
   A. 企业解决的问题
   B. 说明存在适宜的目标市场
   C. 说明现实顾客很可能花钱买这种产品或服务
   D. 设定基本的销售预期

4. 竞争者、竞争环境和竞争优势分析
   A. 构建竞争优势
   B. 展示管理团队的能力与知识
   C. 机会创造优势的核心特征

5. 开发、生产和选址
   A. 开发阶段产品的实际生产
   B. 新企业选址

6. 管理团队
   A. 确定高层管理者和核心顾问
   B. 管理团队能力的不足，企业是否增加新雇员
   C. 确定董事会成员
   D. 确定积极支持企业发展的顾问

7. 财务计划和预期
   A. 公司当前财务状况
   B. 企业资产和负债估价
   C. 预期运营成果
   D. 现金流量
   E. 盈亏平衡分析

8. 风险因素
   A. 不愿向新企业"俯首称臣"的竞争对手所进行的削价
   B. 使新企业产品或服务的吸引力减低或销售减少的不能预见的产业动向
   C. 由于各种原因没有完成销售计划，因而减少了现金流量
   D. 超过预期的设计、制造或运输成本
   E. 产品开发或生产进度安排没能按期完成
   F. 由于高层管理团队缺乏经验而引起的问题（例如，缺乏与供应商或顾客进行合同谈判以争取有利条款的能力）
   G. 在获取零件或原材料方面，比预期的前置时间长
   H. 在获得额外且必须的融资方面发生困难
   I. 补课预测的政治、经济、社会或技术趋势或发展

9. 收获与退出
   A. 投资者将如何取得收益
   B. 创业者与投资人的退出及投资回报

续表

目录

10. 时间表和里程碑
   A. 新企业的正式组建（如果这还没有发生）
   B. 完成产品或服务设计
   C. 完成产品原型
   D. 雇用最初的员工（销售人员或其他）
   E. 在贸易展览会上做产品展示
   F. 与分销上和供应商达成协议
   G. 进入实际生产
   H. 受到初次订单
   I. 初次销售与交付
   J. 盈利

11. 附录
   A. 支持性文件
   B. 创业者团队员工履历
   C. 产品原型图片
   D. 其他文件

附录部分主要内容可以包括公司相关的资质材料、与技术和服务相关的图纸、专利等、财务报表等相关资料、市场调研相关资料等。

3. 小结

向投资人展示创业计划书具有很大的挑战性。"台上三分钟，台下十年功"，我们要在有限的时间内，展现投资人特别关注的重要问题。在"创业计划书概述"的开篇环节，要充分引起投资人的注意力；在展示主体阶段，要针对"问题""解决方案""目标市场""产品""竞争者""财务""经营现状"做出有条理的论述，目的是说服投资人本企业是值得信赖和投资的合作合作；在总结陈述阶段，要简明扼要，强调重点和兴趣点。

模块 10
创业风险

模块内容

主题 1　风险的种类

主题 2　风险分析

主题 3　新创企业生存阶段的风险控制

主题 4　新创企业成长阶段的主要风险源

主题 1　风险的种类

学习目标

了解风险的特点及种类。

1. 主题解读

风险是损失或收益发生的不确定性，即风险由不确定性和损失（或收益）两个要素构成，是在一定条件下、一定时期内某一事件其预期结果与实际结果间的变动程度。变动程度越大，风险越大；反之，风险则越小。

风险的特点：①风险的客观性。表现为风险不是以人的意志为转移，是由客观存在的自然现象和社会现象引起的。②风险的不确定性。指的是风险发生的条件、风险的程度和种类都是不确定的，有时候就是防不胜防。③风险的相对性。指的是风险因为面临的对象不同，基于时间和空间的差异，不同的对象面临的风险大小不尽完全相同。④风险的可测量性。随着科技的进步和人们对风险认识的加深，企业可以通过定性或定量的方法对风险进行评估和测量，为风险管理提供可靠依据。

根据风险引起的因素不同，风险分为系统风险与非系统风险。系统风险主要是创业环境中的风险，如商品市场风险、资本市场风险等；非系统风险是指创业者自身的风险，如技术风险、财务风险等。

2.【主题案例】亚马逊电子书的风险种类分析 ❶

从20世纪90年代末以来,全球图书业就已经注意到了电子图书的前景,并一直投入资金发掘、培育这个市场。但是电子书一直不是一种可以被广泛接受的阅读方式。然而,2008年亚马逊总零售净额比2007年增长了29%,达到了19.17亿美元。到2009年年底,亚马逊电子书的销量更是一举超过了纸质书,其电子书阅读器Kindle也成为该网站历史上售出最多的送礼佳品。亚马逊依靠其先进的经营理念和经营模式在电子书市场所取得的突破性进展,可以说是其在电子书上的创新获得了相当的成功。

问题:亚马逊虽然在电子书市场上存在着哪些巨大的风险?

【案例分析】

由于外部环境的不确定性及创新本身的不成熟性,创新必然伴随着一定的风险,这些风险导致创新不能达到预期的目的。亚马逊电子书区别于传统的图书,不以纸张为载体,是一种全新的阅读方式,其创新的风险存在于技术、市场、政策、财务等各个方面。

技术风险:一个产业或者一个产品形态是否会被冲击,主要是看它是否具有不可替代性。这一点就亚马逊获得巨大成功的Kindle电子书阅读器来看,已经有着相当大的风险。

首先,这是一个非常容易被复制的技术,众多的电子产品生产厂商很容易制造出来类似的阅读器设备,其中不乏极具竞争实力的企业,如ONY。

其次,智能手机是电子阅读器的一个强有力的竞争对手,iPhone等智能手机不仅能实现电子阅读的功能,而且具有电子阅读器所不具备的其他功能,可以说从功能上来说电子阅读器只是智能手机的一个子集。从便携

---

❶ 宁钟. 创新管理 [M]. 北京:机械工业出版社,2011.

性的角度来说，消费者一定愿意购买功能更多的电子产品。

市场风险：电子书获得消费者认知需要时间。

首先，电子书作为一种新兴的产品，意味着一种崭新的阅读模式。旧的纸质书阅读模式要想被取代需要一个漫长的时间。

其次，电子书阅读器的价格目前较为昂贵，大约在几百美元，这无疑大大阻碍了电子书的普及，因为一部电子书阅读器的售价相当于一台配置不错的 PC 计算机，这无疑让很多人望而却步。与此同时，电子书内容价格也让很多人无法接受。比如，亚马逊 9.9 美元一部电子书，虽然低于纸质书的价格，但是很多人不愿意为内容付费。

政策法规风险：电子书最大的难题应该还是电子书的内容的提供和传播，因为内容涉及版权、作者收益等各方利益，所以是最难解决的问题。亚马逊本身不具备图书版权，而出版社又不愿意轻易放弃纸质图书的利润，所以就造成了电子图书内容匮乏以及电子图书售价昂贵的问题，同时很有可能产生版权纠纷。

3. 小结

风险是不确定性带来的，具有客观性和不可预测性等特征。根据风险引起的原因不同，有外部环境的系统性风险，如技术、市场、资源等非系统性风险。亚马逊顺应消费者消费趋势，推出电子书获得了巨大的成功，但仍然存在技术、市场和政策法规等风险。

主题 2　风险分析

> **学习目标**
> （1）掌握风险分析的一般步骤。
> （2）了解风险规避的基本方法。

1. 主题解读

风险分析包括风险识别和风险评估两个方面。风险识别是指在风险事件发生之前，风险管理人员在收集资料和调查研究之后，运用各种方法对尚未发生的潜在风险及客观存在的各种风险进行系统归类，其基本任务就是查明不确定性因素和风险来源，各风险之间的关系及风险的后果；风险评估是在风险识别的基础上，对可能发生的某类风险的预计、度量和估计后果等工作。

（1）识别风险。

风险分析的第一步就是确定是否存在风险。选择某个备选方案，是否意味着要承担一些潜在的损失呢？例如，你可能为了满足日益增长的需求而增加生产，你可以有以下这些选择：

- 维持现有需求满足水平；
- 购买更多设备来满足需求；
- 租借更多设备来满足需求；
- 向小生产商转包生产合同。

如果生意中有较好的现金流、充足的现金储备或良好的信用度，而且需求在可预见的未来一定会增长，那么选择以上任何一个备选方案都没有太大风险。虽然第一个备选方案可能会导致错失利润增长的机会，不过需求也不一定持续增长。例如，一种产品或服务可能会由于具有竞争力的创新产品或服务的出现而失掉市场；更多的公司可能涉足这一领域；再或者市场可能正在接近饱和。另外，在没有利润保证的情况下，公司可能不具备足够的能力投入所需量的资金。在这种情况下，是否扩大生产的决策显然会存在一定风险。不过，不同备选方案所存在的风险大小程度有明显的区别，相应的潜在回报也有所区别。

（2）确定目标。

公司的目标可能是缓慢或者稳步增长，也可能是零增长或在其他产品领域增长。某个存在风险的决定是否与公司目标一致呢？如果是，决策程序将会继续，并要对备选方案进行详细评估。

（3）分析备选方案。

如果存在一定程度风险的决定（如扩大生产的决定）与公司目标一致，下一步就是通盘考虑各种备选方案。要对这些备选方案进行详细的充分的分析，这样才能客观评估其成本。大部分成本是经济成本，但在有些时候，也应将个人、社会和自然成本包括进去。

分析备选方案时，要认真思考这些问题：①这个目标值得去冒风险吗？②如何使风险最小化？③在决定承担风险前需要什么信息？④人力资源或其他资源如何有助于最小化风险？⑤在承担这个风险时，我担心的是什么？⑥我愿意尽最大努力去实现这个目标么？⑦承担风险能使我获得什么？⑧在承担风险之前，我需要做哪些准备？⑨有哪些衡量指标（数字量化）说明我的目标已经实现？⑩在实现目标的过程中，最大的障碍是什么？

（4）收集信息，权衡备选方案。

创业者要收集大量信息，这样才能对每个备选方案的成败可能进行现实评估。要对各种预计情况下的需求进行市场评估，还要评估竞争行为的可能性，并预估这些竞争行为会带来什么样的影响。要通盘考虑各种可能产生的结果，并得出合理结论：

- 如果需求接近饱和，改进产品能否刺激新市场中需求的增长？
- 如果竞争活动使市场份额下降，是否还存在新的市场？
- 设备是否易于改进，从而转型生产其他产品？
- 如果需求增加，供应商和转包商是否会提高收费？

要在对市场信息、未来需求的预测、竞争行为的评估和其他一些方面因素（诸如对信贷公司或设备生产商的反应的预测）的分析基础之上，对每个备选方案为公司带来的可能回报进行评估。

（5）最小化风险。

创业者要对左右结果成败的影响程度进行现实评估，评估的要素如下：

- 对创业者个人能力和公司能力的清楚认识；
- 在确定成败如何变化（朝着有利于创业者方向）过程中的创新能力；
- 策划能够影响变化的战略和策略的能力；
- 实施战略的动力、活力和热情。

（6）规划、实施最佳方案。

一旦选择了某一备选方案，就要为实施方案草拟出计划，其中要包括时间表、对目标的明确定义、应对可能结果的计划以及反馈程序，这样才能迅速实施必要的改变。

2.【主题案例】刘某的特许经营❶创业陷阱

2008年2月，刘某专程赴北京考察北京一家公司的时尚布鞋项目。公司招商部介绍了公司基本情况、商业经营模式及专营合作方式等内容。刘

---

❶ 特许经营（franchising）一词来源于旧法语方言，意为特权或自由，如今是一种商业组织模式。其中，已经具有成功产品或服务的企业（特许经营人）将其商标和企业经营方法授权给其他企业（特许加盟商）使用，并由此换取加盟费和特许权使用费。

中华人民共和国国务院颁布施行的《商业特许经营管理条例》把特许经营界定为"拥有注册商标、企业标志、专利、专有技术等经营资源的企业（以下称特许人），以合同形式将其拥有的经营资源许可其他经营者（以下称被特许人）使用，被特许人按照合同约定在统一的经营模式下开展经营，并向特许人支付特许经营费用的经营活动。"

某现场参观了公司时尚布鞋展厅,认为样品质量合格、样式新颖、比较适合县(市)级城市消费者的需求。

2008年2月19日,刘某与公司签订了专营合同协议,刘某向公司缴纳了人民币25800元的专营合作费。合同签订后,刘某积极进行"租赁装修店面、广告宣传"等开业准备。在此期间,公司依约向刘某免费赠送价值人民币35000元的市场价的布鞋。

2008年3月,刘某专营店正式营业,刘某累计进货市场价值人民币近50000元,按照3.6折实际支付人民币近18000元。经营期间,刘某发现公司赠品及供货存在严重质量问题,根本无法正常销售,刘某多次给公司打电话协商,公司均以各种理由搪塞推托。2008年7月,刘某专程来北京找公司协商,要求公司返还合作费并赔偿损失,协商未果。

经事后调查,该公司不存在特许经营资质,产品确实存在严重的质量问题,专以骗取加盟合作费。

问题:刘某如何才能最大程度维护自己的合法利益?

【案例解读】

从理论上来讲,刘某维权的方式有和解、调解、仲裁和诉讼。本案例中,刘某可参照风险分析的一般步骤,逐步采取下列行动,以维护刘某的利益。对于这类典型的特许经营欺诈,因为双方利益赔偿的巨大反差,和解一般不太可能成功;调解双方更没有互信的基础,短时间内很难找到具有公信力的民间第三方;仲裁费用过高,对小额标的成本不合算;诉讼可能是最后的无奈选择。

一旦决定诉讼维权,我们认为要以"要回特许经营费"为最低诉求,以"赔偿因欺诈导致的所有损失"为最高诉求。为此,刘某应当主动调查搜集特许经营公司的欺诈事实,主张该授权方的因合同无效的所有法律后果。举证:①故意告知虚假信息(该案例中授权方存在的故意将申请商标冒充为注册商标，以及故意夸大业务经营范围）；②故意隐瞒真实情况（该案例中授权方不具备商业特许经营人资质）；③故意隐瞒其提供产品质量真相。

3. 小结

风险处理是指通过不同的方法和措施，使因风险而发生的损失最小化。常用的方法有如下几种：回避风险、转移风险、损失控制、自留风险。①回避风险。回避风险是指对所有可能发生的风险尽可能地规避，这样可以直接消除风险损失。回避风险具有简单、易行、全面、彻底的优点，能将风险的概率保持为零，从而保证项目的安全运行。通常用于风险损失程度大、发生频率高的风险。②转移风险。转移风险是指企业为避免承担风险损失，有意识地将损失转嫁给其他主体承担。转移风险有非保险转移和保险转移两种形式。保险转移是指向保险公司缴纳保险费并同时将风险转移给保险人。③损失控制。损失控制是指在风险发生时或在损失发生后为了缩小损失程度所采取的各种措施。如在损失发生后采取自救的措施，可以避免损失的扩大。④自留风险。自留风险是指企业自己承担风险发生的损失，该方法主要应用于风险发生的频率低和风险损失程度小的风险的处理。

主题3　新创企业生存阶段的风险控制

> **学习目标**
>
> （1）了解新企业生存阶段的主要风险。
> （2）掌握控制和化解风险的维度和方法。

1. 主题解读

市场经济中企业的出生率高，死亡率也高。据英国贸工部1988—1993年企业寿命的统计显示：7%的新建企业在开业后6个月内关闭，40%的新建企业在开业后6个月后到3年这段时间内关闭，即近一半的新建企业活不过三年。可见，新企业在生存阶断充满了风险，要想活下来实属不易。

新企业生存阶段的风险是指从新企业正式运营到新企业实现收支平衡期间产生的风险。无论哪种企业，生存阶段都必须突破"产品"和"市场"两道关口，资源耗尽前见到盈利，活下来是最主要的。针对常见的产品风险和市场风险，企业要狠练内功，既要集中资源专注做好核心产品，又要随时关注客户需求，动员各种渠道快速把产品推向市场，做到收入源基本稳定，尽量缩短投资回笼时间。当然，"成功的企业都相似，失败的企业各有不同"。实践中，也有不少企业一开始就注定失败，如创始人创业冲动满目、各怀鬼胎的团队组合等。

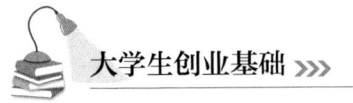

2.【主题案例】小移动互联网公司生存困难之谜

移动互联网创业者曾经在2011—2012年大放异彩，一批创业公司被光环所笼罩，如陌陌、唱吧等。但2013年，却鲜少听到有响当当的创业企业出现，它们大多生存困难，下述三家公司就是其中的代表。

张某创立的公司是一家手机游戏公司。成立一年后产品还在研发期，最近产品准备上线，但缺少资金难以启动推广，合作运营将面临强势渠道的压榨。

李某创业的公司是做工具类产品的。产品已经上线三年，年前获得了1000万的融资，在个人市场上一直不温不火，目前正在试图转型到企业市场。

刘某所在的公司是一家是做阅读类产品的。目前没有风险投资，主要靠几名创始人资金投入，正在寻求巨头收购。

这三家公司，没有一家公司的日子是好过的。除了做工具类产品的B公司有一点风险投资外，其他两家基本上都是创始人砸锅卖铁出来创业。

问题：小移动互联网公司生存阶段面临哪些风险？如何控制和化解？

【案例分析】

小移动互联网公司几乎都面临"在资金不充裕的情况下，如何获取用户"这一首要问题。如果延续传统互联网的模式，先获得用户，然后再靠用户规模，去获得规模化的盈利。这在今天看来是不靠谱的，一是因为移动互联网行业仍然是传统互联网巨头主导的行业，要想获得大规模用户，必然面临跟巨头竞争。激烈竞争会导致运营成本很高，小企业根本拼不起。二是广告很难成为小移动互联网公司的主要收入源。这是因为移动互联网产品能够售卖的广告位非常有限，而且非常容易影响产品体验。那种认为"做到用户规模后，收益自然来"的传统互联网盈利模式只适合大型企业，创业小企业资源相当有限，很难到用户规模化增长的那天。

总之，小移动互联网公司生存阶段面临的风险如果不考虑产品本身的风险，大多面临市场风险和财务风险。其中，市场风险主要有用户获取风险、竞争对手挤压风险；财务风险主要是收益来源不稳定。从系统的角度来看，上述风险彼此关联，集中表现为盈利模式不清晰。

面对生存困境，小移动互联网公司难道只能坐以待毙？非也，面对大企业的打压，以及缺乏给力营销渠道的困境，小企业要学会委曲求全，竞争不过就合作，寻求与互联网大企业在渠道等方面的合作，借力借势，这样才能确保好产品最终有好市场。这方面成功的范例是"愤怒的小鸟"游戏，它借助苹果移动平台成功上位。当然，在任何时候，小企业都应走差异化路线，在产品创新和推出时机上下足功夫，出行业大佬之不意，大获成功也不是没有可能，这就需要精准把握细分客户的需求，适时推出让受众爱不释手的产品，持续迭代直到极致。

3. 小结

新企业生存实属不易，既有创业者（或团队）方面的主观原因，也有来自外部的难以控制的客观因素。无论怎样，创业者既要避免主观方面的失误，尽力做到"未雨绸缪早规划，齐心协力凝团队"；也要知悉外部可能的风险，生存是前提，借力使力，竞争合作，争取"产品关""市场关"等关关都过，为未来发展增加更多的可能和希望。

主题 4　新创企业成长阶段的主要风险源

> 学习目标
>
> （1）了解创业企业成长阶段的特征。
> （2）了解初创企业成长阶段的主要风险源。

1. 主题解读

新企业成长阶段是指从新企业实现收支平衡到新企业产生持续利润这段增长期间。理论上，新企业成长的驱动因素有创业者及其团队的成长欲望及能力、市场对新企业产品的强大需求，以及新企业组织资源的充裕度。实现企业成长，外部可以通过缔结战略联盟、收购兼并同类企业来实现，内部可以通过技术创新、规模经济或范围经济来实现。这期间，企业管理的重点在于实现从创造资源到管理用好资源的转变、形成比较固定的企业价值观和文化氛围、注重用成长的方式解决成长过程中出现的问题，以及从过分追求速度到突出企业的价值增加。

反过来讲，成长阶段的新企业风险主要来自管理方面的挑战，如团队管理机制不完善、财务监控机制不完善，以及经营决策与管理机制不完善等。与此相对应，控制和化解风险的主要方法有"完善组织架构，学会授权""建立风险责任机制，监督决策""确立企业可持续发展战略，强调竞争力"。

2.【主题案例】安博教育，拼图式并购的破产

安博教育创立于1999年，初期业务主要是铺设网络教育平台。2008年，安博教育以"整合者"的角色进入，通过大举并购教学点直接提供培训服务，迅速实现了规模扩张和上市目标，同时成为在美上市的中国教育企业中产业链最长、旗下品牌最多的企业。然而，拼图式并购整合一堆小公司然后打包上市的安博，终究没能玩转这盘生意。2013年6月，开曼群岛法院向安博发出临时托管的通知并且任命毕马威为临时托管人。同时，法院还命令遣散安博董事会，并赋予临时托管人控制公司账目和业务的权利。

【问题】安博教育并购失败的主要原因有哪些？

【案例分析】

安博教育最初的战略是依托技术平台优势和收购规模效应，实现线上线下业务结合、基础教育和职业教育平衡发展，从而搭建全方位、一站式教育体系。然而，在并购过程中，投资策略执行不当、加之缺乏有效的整合管理，使"安博模式"成为并购成长管理不善的典型案例。

（1）并购策略执行不到位导致后期整合困难。

安博教育最初设想是收购各个行业内前三名的培训学校。在注重品牌价值的教育行业，这种并购策略是合理的。如英国教育巨头培生集团从20世纪70年代开始与中国合作，到目前为止，也不过并购了戴尔国际英语、华尔街英语、环球雅思三家培训机构。然而，安博教育的这一并购策略执行得并不到位。2008—2009年安博教育并购的23所学校里，既有民办大学，也有教育软件公司；既有全日制学校，也有IT职业培训公司，其中还包括很多小公司。并购金额从792万元~4.5亿元不等，大规模的"拼图

式"并购使安博教育的产品线从原有的职业教育拓展到幼教、1对1培训、中小学课外辅导、高考复读、职业教育、拓展训练等产品服务。

安博教育并购行业领先者的策略之所以没有按照预期设想得到有效执行,主要原因是领先企业的并购成本高、并购难度大,所以不得不不断地退而求其次。结果却是被收购企业不同的市场定位、庞杂的客户群和业务模式的差异导致后续整合难度极大。

(2)管理失控导致并购整合彻底失败。

并购后的风险管理重点是整合管理,通过业务持续、管理协同和文化融合实现预期的价值目标。安博教育对并购整合风险的管理失控是导致其走向衰败的直接原因。按照并购后整合的内容,整合风险又可以细分为品牌整合风险、业务与管理整合风险、文化整合风险等,而这些细分风险在安博教育对被投资企业的整合过程中都有所体现。

品牌是构成教育培训行业核心竞争力的重要因素,而教育培训行业的品牌是由长期的口碑树立起来的。安博教育在全国范围内大举并购,其并购的机构多是在一个区域内有影响力的机构。并购后,安博教育对新老品牌的处理方式为直接在原有品牌前加上"安博"标识。但这一举措未能达到良好的效果,安博教育自身并不是足够强势的品牌,在部分区域的知名度和影响力甚至远不及被收购企业。因此,在品牌整合上,简单化、模糊化的处理方式无法帮助其通过并购实现价值增值。

业务与管理的整合是并购后的主要工作,包括设计整合的业务模式、管控模式,在实现对企业控制权转移的同时,保障业务的持续发展。常见的"取得控制"手段包括派驻董事、监事、高管,直接参与被并购企业的治理;设定经营目标、预算等考核指标,实现对被并购企业的财务控制;调整原有部门架构,重新建立管理架构;将被并购企业的一些重要职能和业务集中到并购企业,如财务、资金、采购、营销等。

从安博教育的收购流程来看,收购后先做财务和IT的整合,然后进行人力资源培训和课程整合,再进行商业模式整合,大概需要12~24个月。但在具体实施过程中,很多整合的措施合理性和执行有效性有待商榷。比如，由于不熟悉业务，安博教育对京翰等机构除了每月审计财务外，基本不会派员监督。2012年期间，安博教育大量抽取人众人现金，削减研发预算、大规模调整组织架构等，更是造成了人众人创始团队出走，对这一业务带来极大的不良影响。

文化融合是企业并购后整合的难点，同时对文化差异的认识不足或处理不当，可能会使员工丧失认同感，导致组织上的抵制和排斥，引发甚至加剧核心团队流失、管理失控等一系列风险。因此，实施并购的企业需要深入了解被并购企业的文化内涵，在管理体系的设计和整合过程中注意与原有管理习惯和行为特征的衔接和平稳过渡，避免剧烈震荡导致核心团队流失。

安博教育要求被收购公司的创始人在三年之内必须培养一个合格的接班人，然后本人离开原公司，要么到集团担任高管，要么持股退休。这一策略的出发点意在加强安博教育对并购企业的控制力，但教育培训行业是知识密集型产业，优秀的讲师、培训师是企业的核心资源。而知识型员工对企业的认同更多来自对企业文化甚至是创始人的认可，将新的企业文化生硬地套到被并购企业上，会使其员工有排斥感。这些被收购企业的员工的感受是，接盘者像是门外汉，只看眼前利益，对这样的企业文化难以认同等。由此可见，安博教育在文化整合风险的管理上是有问题的。

3. 小结

并购是企业实现外部成长的常见方式，因为成功的并购能够实现双赢——被并购方期望通过合理价格实现企业和个人的价值增值；并购方期望实现对被并购企业的有效管控，获得未来持续的收益权。然而，要保证并购成功，需要兼顾和平衡双方的风险与收益，处理好并购全过程的矛盾和问题，这就要求企业管理层具备顺应环境变化的管理能力和执行能力。

模块 11
商业沙盘模拟实训

模块内容

主题 1　商业游戏模块 I：企业基本周期

主题 2　商业游戏模块 II：供给与需求

主题 3　商业游戏模块 III：赢得顾客

主题 4　商业游戏模块 IV：应对多元化市场

主题1　商业游戏模块Ⅰ：企业基本周期

1. 教学指导

【教学目的】

学生通过本主题的体验和学习，有以下两点收获。

①体验创业的过程；

②了解创业初期企业经营过程中各个环节。

【教学要点】

企业基本周期；

做出各项财务决策；

管理现金流量；

基本记账体系；

控制风险。

【教学教具】

黑白板/活页挂纸/彩色卡片/多媒体投影仪/企业游戏模块教具。

【课时】

2.5小时左右。

【教学组织】（表11-1）

表11-1　教学组织1

时间	内容概述	授课方法和内容解释	视觉教具
10分钟	设立游戏场景	在开始讲课之前完成	准备游戏用的钉卡板和桌子

续表

时间	内容概述	授课方法和内容解释	视觉教具
20分钟	解释游戏模块一	讲授： 解释模块一； 提供操作说明讲义和其他教具，将学员分成小组，回答问题	投影仪
30分钟	准备	准备角色扮演： 给小组一定的时间准备各种计划（现金流动计划、销售和成本计划、核算成本和价格）；允许与其他小组进行几分钟谈判	企业周期表 记账表
50分钟	做游戏	角色扮演： 玩模块一	游戏道具
10分钟	小组评估	练习： 小组评估自己的表现并将实际数据填入现金流动计划以及销售和成本计划	无
30分钟	点评	讨论： 回顾/点评游戏（教学目的和学习要点）； 讨论学习要点； 评价现金流动计划及销售和成本计划的完成情况。将某个小组的数据作为例子，与学员一起在投影仪上完成两个计划的实际结果。解释计划应该如何完成； ④给每个小组在游戏各个方面的表现打分； ⑤了解学员对游戏和学习要点的看法	活页挂纸、投影仪、白板

2. 游戏场景：教具与角色

（1）白纸。

白纸作为生产产品的原材料。白纸的尺寸必须是A6纸，即标准A4纸的四分之一（约5厘米×14.5厘米）。

制造商小组可以从张纲批发店购买到原材料，并用这些原材料制作标准帽。只有制造商才能制作帽子。

（2）标准帽。

样式简单的帽子。帽子的质量要求：

①帽子折起的帽沿为2厘米；

②帽子的直径为为3厘米；

③帽子结实牢固，摔不坏；

④同一家企业生产的帽子要求规格一致，高低一致，胖瘦一致。

质量不合格的帽子将作为残次品不能再使用，进入最终渠道时就地没收。

（3）张纲批发店。

制造商小组从张纲批发店购买原材料，每张原材料的价格是40元。经营期间，张纲批发店负责回收没有用过的原材料，每张20元。

（4）李玉收购店。

李玉收购店负责统购制造商制作的标准帽子，质量合格的帽子每顶80元，不限量收购。

（5）银行。

每家企业在银行都开设公司账户。银行有两项核心功能：一是借贷中介，吸收存款，发放贷款；二是结算中介，企业之间债权债务的了解。但请注意，存钱银行没有利息，银行贷款月利率是25%，银行结算免中介费。

（6）货币。

游戏当中有不同面值的货币可以使用。这些货币只是作为道具，并非实际货币。

（7）现金盒。

每个现金盒上面都有口袋，用于企业配置和存放货币。

（8）诚信超市。

各组在诚信超市购物。任何食品类商品（不论价格高低）的质量都"很好"，但是保质期只有"一周"。所有其他商品都不是必需品，而是"奢侈品"。超市补货周期为一个月，即被购买过的商品，本月内不再有新货补充。

(9) 购物记录卡。

"我们买了哪些东西？"各组要用这张卡片来记录自己从诚信超市购物的情况，并把这些购物记录卡视为所购"物品"的储存盒。

(10) 景卡。

情景卡反映了实际生活当中会发生的各种情景，其目的是为了给各个企业小组带来各种风险。情景卡在企业周期示意图中第三周的周二开始，由教师在每周的周二随机由各家企业抽取。

(11) 还钱转盘（借钱人/赊销）。

某个小组可能会拿到一张要求借钱给亲戚的情景卡。这时，应该由该小组的一个成员转动"他们会还钱吗？"的转盘，来决定借钱人何时还钱，还多少钱。

作为辅导教师，要坚决按照转盘指针指向的结果，秉公办理。

(12) 骰子。

在使用"还钱转盘"时，可以用骰子来代替转盘上的指针，转盘上的五个格子可以骰子上的1~5来代表，如果学生掷出6点，可以重新再掷一次。

(13) 企业周期示意图。

在做游戏的过程中，企业周期示意图用于控制各组每天的活动。把示意图挂在墙上，在示意图上逐天移动"今天"粘贴片，来向各组表明目前是"哪一天"。此外，应该给每一组（或每名学生）发一张复印的企业周期示意图，用做日历和记账体系的基础。

(14) 组合记账表。

在这个月中，学生利用企业周期示意图来记录他们的生产、销售和各种成本及费用支出。到了月底，当游戏结束时，各组应该用本手册后面所附的组合记账表来计算自己小组的盈亏。

(15) 计时器。

计时器（钟表或者沙漏）是用来控制"每日"的时限和各项具体活动的时限，目的是为了鼓励各组有效地做出决策。一般情况下，"每日"为1~3分钟，教师可以根据具体情况适当调整。

（16）企业经营绩效计划和实际对比表。

用来对比各个小组在一个月的游戏前制定的计划和实际游戏结果的差异，从而寻找各小组存在的相应问题。教师可以参考表11-2制作表，利用活页挂纸完成。

11-2 计划和实际对比表

	计划			实际		
	采购数量	销售额	利润	采购数量	销售额	利润
红组						
蓝组						
绿组						

（17）卡通图。

共有四张卡通图，分别为"存钱迷孙守""大富豪钱潇""自私鬼赵财""精明者李聪"。四个人代表四种不同类型的资金配置方式。在讨论这些人物时，先把卡通图贴在黑白板上，然后与学生讨论他们的特征，并给每家企业分配一个角色。

模拟时，让三家企业分别扮演"存钱迷孙守""大富豪钱潇"和"自私鬼赵财"经营一周。结束后，展开讨论模拟的结果。

3. 游戏模拟

（1）团队分工。

将学生分成三个团队：红组、蓝组和绿组，都是制造企业，产品是标准帽子。同时，每家企业要确定每位成员的分工，做到每人都有角色，使其"在其位、谋其政、尽其责"（参照组内分工表）。

（2）企业每日活动安排表。

星期一：各组从张纲批发店以每张40元的价格购买原材料，一手交钱，一手交货。

星期二：各组生产帽子。从第三周的星期二开始使用情景卡。如果情景卡要求该组向外借钱，该组必须使用"钱会还吗？"的转盘。

星期三：各组向李玉收购店销售其产品。李玉每购买一顶质量合格的帽子支付80元现金。

星期四：如果有企业使用过的情景卡有应收账款，可以在今天收回欠款。

星期五：制订和调整计划。

星期六：购物日，所有商品都从诚信超市购买，并贴在"购物显示卡"上。

星期天：休息（不能随意走动，并且保持安静，否则将被罚款）。

首先，三家企业分别扮演"自私鬼赵财""存钱迷孙守"和"大富豪钱潇"，模拟经营一个星期（玩到8日星期四为止），结束后讨论游戏结果。其次，每家企业都像精明者李聪一样行为，模拟一个月的业务经营。写有"今天"的粘贴片逐天移动，直到30日经营结束。用计时器（或口哨）来控制每一天的长度。游戏模拟的最后一天（30日），要求每个小组提交这个月的实际经营结果，包括"采购数量""销售额""利润"，并就结果企业内部深入分析研讨，推荐代表汇报企业月度经营总结，尤其关注关键成败因素，做好企业间分享。

（3）经营计划。

每家企业在1日从银行获得160元的贷款，月利率25%；27日到付房租100元；29日还本付息200元。

每家企业集体讨论经营期经营计划，时间20~25分钟，提交"销售数量""销售收入"和"利润额"。在此期间，辅导教师可以就游戏规则回答提问。

4. 讨论问题及点评参考

（1）销售。

①各家企业销售了多少顶帽子，获得了多少利润？

②哪一组盈利最多？为什么？

③做出了哪些决策？这些决策带来的后果是什么？

【点评参考】各家企业面对的是计划定价市场，每顶原材料40元，质量合格的帽子每顶80元。据此可以推算，企业的利润主要受制于生产量和合格率。一般来讲，哪家企业销售的帽子越多，且质量合格率越高，其利润也就越高。基于此，各家企业应把资金尽可能配置于企业经营（原材料的购买），严格按照工艺标准生产出质量合格的帽子。

（2）有限资金的分配。

①各家企业用于原材料购买、家庭消费和风险储蓄的资金是多少？

②这样的资金分配是否明智？

【点评参考】一个精明的企业主，其资金分配的优先顺序分别为企业经营（购买原材料）、风险储备资金（从第二周周五开始）及家庭消费。只有这样，才能做到在风险可控的条件下实现利润的最大化。同时，家庭消费时，做到家庭消费要量入为出，做到不影响企业正常的经营活动。

值得一提的是，各家企业初始启动资金是200元。第一周用于家庭消费后每家企业手中闲置资金大约为20元或30元。这时，如果有企业能够融资到10元或20元，就可以在第二周多购买1顶原材料，凭此可以取得企业经营的先发优势。

（3）记账。

①记账是否有助于说明各家企业的经营状况？

②各组记账了吗？

【点评参考】实际经营时，财会人员应当跟踪每一笔交易，并根据"风险可控条件下利润最大化"原则，分析企业的经营状况，根据经营业绩提出资金分配的合理建议，力求资金利用充分化。

（4）情景卡。

①各家企业如何应对意外事件？

②哪组向外借钱了？借出去的钱还回来了吗？

③遇到困难的企业是否求助其他企业了？如果没有，为什么？

【点评参考】创业有风险，三思而后行。设置情景卡的目的是让学员了解创业可能遭遇的各种风险。应对各种风险，除了努力做好企业经营管理外，还应未雨绸缪，留出部分资金做适当的储蓄。否则，在竞争激烈的市场，企业遇到风险，竞争对手可能"乘人之危"，瓦解企业的核心竞争力。面对借出资金，必须谨慎。不仅要考察借款人的资信情况，更应通过必要的抵押（原材料或成品）等手段，保证借出资金的按期足额偿还（甚至还要考虑资金的借出收益）。

（5）其他问题。

①各家企业团队建设和管理情况如何？

②各家企业如何做好"企业计划"和"计划调整"？

【点评参考】经营一家企业，首先要做的就是根据企业类型做好团队分工，按照"适材适所"的原则，力求每位成员"在其位，谋其政，尽其责"。本次商业模拟中，除CEO外，其他关键的角色有生产、质检、采购、销售和财会。比如，生产和质检可以多人担当，但必须保证产品的质量，质量不合格率高，只能说明生产和质检人员履职不到位；同样，采购或销售人员不仅要根据企业计划圆满完成采购或销售任务，同时还应当注意收集竞争对手的必要信息，供企业决策参考。

"企业计划"和"计划调整"是十分必要的工作，做好这项工作的前提是充分有效的市场调查。本次商业模拟，涉及的市场调查部分有诚信超市的消费调查、风险情景卡的风险调查及竞争对手的调查等；要想百战不殆，必须知己知彼！

主题 2　商业游戏模块 II：供给与需求

1. 教学指导

【教学目的】

学生通过本主题的体验和学习，能够：

①了解市场中的供需关系；

②了解企业经营过程中需要的各种知识和能力；

③认识制定计划、市场营销、记账等管理职能对经营企业的重要性。

【教学要点】

①市场中的供需关系；

②如何为一个产品定价，使之盈利；

③高级记账体系；

④销售技巧和谈判艺术；

⑤有竞争力的质量。

让学生了解和体验市场中的供需关系，认识到企业经营所需的知识和能力及其重要性。

【教学教具】

黑白板 / 活页挂纸 / 彩色卡片 / 多媒体投影仪 / 创办和改善你的企业游戏模块教具。

【课时】

3 小时左右

【教学组织】（表11-3）

11-3　教学组织2

时间	内容概述	授课方法和内容解释	视觉教具
	设立游戏场景	在开始讲课之前完成	准备游戏用的钉卡板和桌子
20分钟	解释游戏模块二	讲授 解释模块二 提供操作说明讲义和其他教具，将学员分成三组，回答问题	投影仪
30分钟	准备	准备角色扮演 给小组一定的时间准备各种计划（现金流动计划、销售和成本计划、核算成本和价格）；允许与其他小组进行几分钟谈判	企业周期表记账表
80分钟	做游戏	角色扮演 玩模块二	游戏道具
10分钟	小组评估	练习 小组评估自己的表现并将实际数据填入现金流动计划以及销售和成本计划	无
40分钟	点评	讨论 回顾/点评游戏（教学目的和学习要点） 讨论学习要点 评价现金流动计划及销售和成本计划的完成情况。将某个小组的数据作为例子，与学员一起在投影仪上完成两个计划的实际结果。解释计划应该如何完成。 给每个小组在游戏各个方面的表现打分 了解学员对游戏和学习要点的看法	活页挂纸、投影仪、白板

2. 场景设置：教具与角色

（1）原材料（模块Ⅰ、模块Ⅱ）。

游戏当中用白纸作为生产产品的原材料。白纸的尺寸必须是A6纸，即标准A4纸的四分之一（约5厘米×14.5厘米）。

制造商小组可以从张纲批发店购买到原材料，并用这些原材料制作标准帽，制造商可以通过销售它们来获取利润。

只有制造商才能制作帽子。作为辅导教师：①一定要确保准备了足够的纸张；②白纸最好用办公室使用过的废纸做原材料；③游戏结束后，回收用过的纸张。

（2）标准帽。

样式简单的帽子。帽子的质量要求：

①帽子折起的帽檐为2厘米；

②帽子的直径为3厘米；

③帽子结实牢固，摔不坏；

④同一家企业生产的帽子要求规格一致，高低一致，大小一致。

质量不合格的帽子作为残次品不能再使用，进入终端渠道时就地没收。

（3）张纲批发店。

制造商小组从张纲批发店购买原材料。每张原材料的价格是40元。在这个月中，张纲还可以回购没有用过的原材料，每张的回购价格是20元。

（4）李玉收购店。

制造商小组向李玉收购店出售他们制作的成品，李玉收购店再向市场销售。

（5）银行。

每个小组在银行都有储蓄账户。任何时间都可以从这里存钱和取钱。银行不付存款利息。各小组在每个月的月初向银行贷款。这笔贷款应该在月底归还。从银行贷款要付利息。

（6）货币。

游戏当中有不同面值的货币可以使用。这些货币只是作为道具，并非实际货币。

（7）现金盒。

每个现金盒上面都有口袋，供各家企业配置和存放货币。

（8）终端市场：零售商的销售市场。

根据供求关系确定不同的"销售数量与价格"。需要注意：有一个场景是"该镇的其他居民发薪水日是17日，即第三周的星期六"。这意味着该镇居民钱最多的是第四周，其次是第五周，再次是第二周，市场上对帽子的需求较多。而在发薪日所在的第三周钱所剩无几，市场上对帽子的需求量最低。

（9）赊销市场（还钱期转盘）。

制造商小组的成员转动转盘，看看如果他们采取赊销的方式，能够收回多少货款，何时收回货款（每批赊销产品转动一次）。

（10）骰子。

在使用"还钱转盘"时，可以用骰子来代替转盘上的指针，转盘上的五个格子可以骰子上的1~5来代表，如果学生掷出6点，可以重新再掷一次。

（11）企业周期示意图。

在做游戏的过程中，企业周期示意图用于控制各组每天的活动。把示意图挂在墙上，在示意图上逐天移动"今天"粘贴片，来向各组表明目前是"哪一天"。此外，应该给每一组（或每一名学生）发一张复印的企业周期示意图，用做日历和记账体系的基础。

（12）组合记账表。

在这个月中，学生利用企业周期示意图来记录他们的生产、销售和各种成本及费用支出。到了月底，当游戏结束时，各组应该用本手册后面所附的组合记账表来计算自己小组的盈亏。

（13）计时器。

计时器（钟表或者沙漏）是用来控制"每日"的时限和各项具体活动的时限，目的是为了鼓励各组有效地做出决策。一般情况下，"每日"为1~3分钟，教师可以根据具体情况适当调整。

（14）商业游戏计划和实际情况对比表。

用来对比游戏前制订的计划和实际游戏结果的差异，从而寻找各家企业存在的相应问题。教师可以参考表11-4，利用活页挂纸制作对比表。

表11-4 计划与实际差异对照表

组别	计划			实际		
	采购数量	销售额	利润	采购数量	销售额	利润
红组						
蓝组						
绿组						

2. 模拟准备

（1）团队分工。

将学生分成三个团队：红组、蓝组和绿组。红组是零售商，蓝组、绿组是制造企业，交易产品是标准帽子。同时，每家企业要确定每位成员的分工，做到每人都有角色，使其"在其位、谋其政、尽其责"（参照组内分工表）。

（2）交易规则。

制造商的出货渠道有李玉收购店、赊销店和零售商。其中，李玉店从两家制造商每周最多收购3顶质量合格的标准帽子，每顶80元；赊销店对制造商不限量收购，每顶90元，但有风险。需要提醒的是，制造商在使用"还钱转盘"时，可以用骰子来代替转盘上的指针，转盘上的五个格子可以骰子上的1~5来代表。如果学生掷出6点，可以重新再掷一次，以此来决定制造商是否能够或什么时候收回货款，以及收回多少货款。零售商是制造商最大的出货渠道，交易条件（尤其是价格和数量）需要制造商和零售商谈判商定。如果没有谈成，下一周就不能交易。

（3）谈判规则。

谈判时间为每周五，当零售商公布终端市场需求信息后，制造商根据公布情况，调整下一周的经营计划，然后委派谈判代表到预先设定的谈判桌展开谈判。为了保证谈判的效率和效果，应做到以下几点：①设定两张谈判桌，方便两组同时展开谈判；②每张谈判桌前，一对一谈判，不能同时出现3个人，不禁止制造商之间的谈判；③三家企业不能在同一张谈判桌集体谈判；④本着"询盘—发盘—承诺"的交易流程，谈判代表最多有两次机会回到本企业内汇报谈判结果，磋商谈判策略；⑤根据谈判进度和教学目的需要，适当延长或缩短谈判时间。

（4）企业每日活动安排。

星期一：制造商从张纲批发店购买原材料。

星期二：制造商生产标准帽。

星期三：制造商销售帽子，零售商购买帽子。

星期四：零售商销售帽子，然后制造商回收货款。

星期五：首先，由零售商要在"供求指示图"上公布下一周的标准帽子和旅游帽的市场需求量；其次，各家企业制订调整下一周计划；最后，开展业务洽谈。

星期六：各组支付110元薪金。包括该月第一个和最后一个星期六在内，一共支付5次，最后一次薪金在29日支付。

星期天：休息（不能随意走动，并且保持安静）。

模拟经营一个月，在演练一个月的写有"今天"的粘贴片逐天移动。用口哨来控制每一天的长度（每天的长度不要求统一，可灵活控制）。游戏模拟的最后一天（30日），要求每个小组提交这个月的实际经营结果，包括"采购数量""销售额""利润"，并就结果企业内部深入分析研讨，推荐代表汇报企业月度经营总结，尤其关注关键成败因素，做好企业间分享。

（5）经营计划。

每家企业从银行领回存款100元，获得贷款200元，月利率25%，27日到付房租100元，29日还本付息250元。

每家企业做好团队分工，一起讨论经营期经营计划，时间20~25分钟，提交"销售数量""销售收入"和"利润额"。期间，辅导教师可以就游戏规则回答提问。

3. 讨论的问题及点评参考

（1）销售。

①实际销售与计划销售情况如何？为什么二者之间产生了差异？

②实际销售的帽子数量与计划销量之间是如何产生差异的？

【点评参考】计划情况和实际情况的偏差是正常的，因为计划不如变化快。本次商业模拟面对的市场是波动的，不同的供求量，市场价格是不同的。做计划时，不可能得到准确不变的市场信息，只能根据谨慎的原则做出企业月度经营计划。在实际经营时，企业要根据变动的市场情况，本着两利相权取其重、两弊相衡取其轻的原则灵活调整企业经营活动。

（2）制造商小组。

①市场上存在哪些机会？充分利用这些机会了吗？

②与零售商的谈判进行得如何？是否签订了合同？是否履行了合同？

③制造商之间进行了哪些有效的合作？

④哪些因素影响了企业的经营状况（如赊销、书面合同等）？

⑤为什么一个制造商比另一个制造商盈利更多或亏损更大？

【点评参考】与商业伙伴建立良好的关系能够改善你的企业。与其他企业进行有效的沟通是经营企业十分重要的工作。商业伙伴之间的交易应当签订书面合同，因为如果产生了纠纷，那么维护利益就有了法理依据。

每家制造商均有四次和零售商成交的机会。如果成交次数不够，一般来讲是双方没有秉持"合作共赢，利益均享"的原则，而是意气用事，跟钱过不去。比较可行的做法是谈判时，双方应当算出各家企业的"收支盈亏点"，在这个前提下进行利多利少的争夺。

两家制造商是竞争关系，并不意味着没有合作。有效的合作不仅可以获得最大的利益，而且可以变被动为主动。比如，两家制造商事前可以达成战略协议，规定最低销售价格。两家制造商之所以出现利润差距，主要是因为他们成交的次数和成交的条件不尽相同。

（3）零售商小组。

①零售商面对波动的需求是如何制定市场营销战略的？

②零售商在制订需求计划时，是否根据实际情况了解了每一组制造商的生产能力？

③与制造商的谈判结果如何？是否通过合同的形式确认谈判结果？

④零售商是否充分利用了第四周市场需求大的潜在优势？

⑤零售商如何才能做得更好？

【点评参考】现实中，帽子属于劳动密集型产品，在劳动密集型产品的市场博弈中，做市场的企业比做制造的企业盈利空间要大。因为零售商享受两家制造商为其供货，可以利用两家制造商之间的竞争为自己争取最有利的成交价格。

在制定需求计划时，零售商首先应当了解制造商手中用于企业经营资金的情况。如果想进一步扩大制造商的生产能力，零售商还可以把其闲置资金贷放出去。这样做不仅可以增加谈判筹码，而且能够实现量大多销。

相对其他几周，第四周是市场需求最多的一周，同样的数量单价最高；与此相反，第三周的市场需求最低，同样的数量单价最低。零售商应当充分利用第三周低价、第四周高价的价差优势，在第三周大量买进，在第四周高价卖出。这样不仅可以在第四周压缩零售商供给能力，而且有利于自身利润最大化。

（4）其他问题。

①哪一组敢于冒险？冒险决定对企业经营产生了什么样的影响？

②各家企业是否进行了恰当的记账？

③各家企业如何进行产品定价？

④职责分工、团队精神是否对企业经营业绩有影响？

⑤做好企业计划和计划调整，需要哪些信息？

【点评参考】企业适当的冒险是必要的，因为高风险意味着高收益。但是企业的经营绝不意味着"赌一把"式的冒险活动。即使冒险，不能"毕其功于一役"，要理性分析成本和收益，尤其要考虑冒险成本是否是企业可承受之重。

实际经营时，财会人员应当跟踪每一笔交易，并根据"风险可控条件下利润最大化"原则，分析企业的经营业绩，提出资金配置的合理建议。

产品定价的常用方法是成本加成法，正确计算成本是产品定价的核心。这里的成本包括变动成本和固定成本。各家企业在经营中常常忽略的是固定成本，本次商业模拟涉及的固定成本有每周的薪金支出、银行利息支出和房租支出。这些支出必须分摊到销售的产品上。

经营一家企业，首先要做的就是根据企业类型做好团队分工，按照"适材适所"的原则，力求每位成员"在其位，谋其政，尽其责"。本次商业模拟中，除CEO外，其他关键的角色有生产、质检、采购、销售、财会、谈判。比如，生产和质检可以由多人担当，但必须保证产品的质量。质量不合格率高，只能说明生产和质检人员履职不到位。同样，采购或销售人员不仅要根据企业计划圆满完成采购或销售任务，同时还应当注意收集竞争对手的必要信息，供企业决策参考。谈判时，应当本着妥协计利原则来进行。

"企业计划"和"计划调整"是十分必要的工作，做好这项工作的前提是充分有效的市场调查，涉及市场规模、市场消费能力的大小及竞争的性质，要想"百战不殆"，必须"知己知彼"！

主题3　商业游戏模块Ⅲ：赢得顾客

1. 教学指导

教学目的

学生通过本主题的体验和学习，能够：

（1）理解商业游戏Ⅲ的使用工具和游戏方法的介绍并学会做游戏；

（2）掌握"赢得顾客"游戏涉及的相关教学要点。

教学要点：

（1）市场营销（运用市场营销组合的四要素来赢得顾客）；

（2）采购；

（3）存货管理；

（4）成本核算；

（5）记账；

（6）企业计划。

各组应该在该月结束时实现1000元的盈利。为了实现这一目标，各组应该在开始游戏之前认真制订全月计划。

教学教具

黑白板/活页挂纸/彩色卡片/多媒体投影仪/企业游戏模块教具。

课时

3小时左右（两堂课加在一起）。

【教学组织】（表 11-5）

表 11-5　教学组织 3

时间	内容概述	授课方法和内容解释	视觉教具
	设立游戏场景	在开始讲课之前完成	准备游戏用的钉卡板和桌子
20 分钟	解释游戏模块三	讲授 解释模块三 介绍现金流动计划以及销售和成本计划 提供操作说明讲义和其他教具，将学员分成小组，回答问题	投影仪
30 分钟	准备	准备角色扮演 给小组一定的时间准备各种计划（现金流动计划、销售和成本计划、核算成本和价格）；允许与其他小组进行几分钟谈判	企业周期表 记账表
80 分钟	做游戏	角色扮演 玩模块三	游戏道具
10 分钟	小组评估	练习 小组评估自己的表现并将实际数据填入现金流动计划以及销售和成本计划	无
40 分钟	点评	讨论 回顾/点评游戏（教学目的和学习要点） 讨论学习要点 评价现金流动计划及销售和成本计划的完成情况。将某个小组的数据作为例子，与学员一起在投影仪上完成两个计划的实际结果。解释计划应该如何完成。解释实际的数据表格就是现金流动表和损益表。 给每个小组在游戏各个方面的表现打分 了解学员对游戏和学习要点的看法	活页挂纸、投影仪、白板

2. 游戏场景

（1）原材料。

游戏当中用白纸作为生产产品的原材料。白纸的尺寸必须是 A6 纸，即标准 A4 纸的四分之一（约 5 厘米 ×14.5 厘米）。

制造商小组可以从张纲批发店购买到原材料，并用这些原材料制作标准帽和旅游帽子。

（2）旅游帽。

旅游帽制造步骤说明：

步骤一：将旅游帽帽样放在原材料上，画出旅游帽帽样；

步骤二：剪下原材料帽样；

步骤三：按照旅游帽帽样上的说明在原材料帽样上剪开一个口；

步骤四：将原材料帽样的底边折叠；

步骤五：卷起原材料帽样，将两侧对接成帽子形状；

步骤六：将细长的一端从另一端的开口中穿出（内穿），并将穿出的头部折回来，以保证帽子不松脱。

质量不合格的帽子将作为残次品不能再使用。

（3）剪刀（制造旅游帽的生产工具）。

企业可以通过利用更好的技术来改进生产并提高生产力。更好的技术有助于我们生产更多的产品并提高产品质量，但是要获得技术就要进行投入。制造商小组需要租赁设备来生产旅游帽。这里的设备是一把剪刀和一张旅游帽帽样。这些设备在每月月初就要备好，还可以向每组出售额外的技术。（如设计个种模板）来增加游戏的花样。

（4）张纲批发店。

制造商小组从张纲批发店购买原材料。每张原材料的价格是40元。在这个月中，张纲还可以回购没有用过的原材料，每张的回购价格是20元。

（5）李玉收购店。

蓝、绿制造商向李玉收购店出售旅游帽，每家制造商每周不超过两顶，单价100元。

（6）银行。

每家企业在银行都有储蓄账户。任何时间都可以从这里存钱和取钱。银行不付存款利息。各家企业在每个月的月初向银行贷款。这笔贷款应该在月底归还。从银行贷款要付利息，利率25%。

（7）货币。

游戏当中有不同面值的货币可以使用。这些货币只是作为道具，并非实际货币。

（8）现金盒。

每个现金盒上面都有口袋，供各家企业配置和存放资金。

（9）赊销商（还钱期转盘）。

制造商可选择向赊销商销售，每项110元，掷骰子的点数决定风险种类和大小。

（10）骰子。

在使用"还钱期转盘"时，可以用骰子来代替转盘上的指针。转盘上的五个格子可以骰子上的1~5点来代表，如果掷出6点，可以重新再掷一次。

（11）企业周期示意图。

在做游戏的过程中，企业周期示意图用于控制各组每天的活动。把示意图挂在墙上，在示意图上逐天移动"今天"粘贴片，来向各组表明目前是"哪一天"。此外，至少应该给每家企业发一张复印的企业周期示意图，用做日历和记账体系的基础。

（12）终端市场：零售商的销售市场。

根据4P（product, price, place, promotion）营销组合关系确定不同的"销售价格与数量"。

（13）组合记账表。

在这个月中，学生利用企业周期示意图来记录他们的生产、销售和各种成本及费用支出。到了月底，当游戏结束时，各组应该用本手册后面所附的组合记账表来计算自己小组的盈亏。

（14）计时器（可用口哨代替）。

计时器（钟表或者沙漏）是用来控制"每日"的时限和各项具体活动的时限，目的是为了鼓励各组有效地做出决策。一般情况下，"每日"为1~3分钟，教师可以根据具体情况适当调整。

（15）商业经营计划和实际绩效对比表。

用来对比各个小组在一个月的游戏前制定的计划和实际游戏结果的差异，从而寻找各小组存在的相应问题。教师参考下表利用活页挂纸制作对比表（表11-6）。

表 11-6　计划和实际绩效对照表

组别	计划			实际		
	采购数量	销售额	利润	采购数量	销售额	利润
红组						
蓝组						
绿组						

3. 模拟准备

（1）团队分工。

将学生分成三个团队：红组、蓝组和绿组。红组是零售商，蓝组、绿组是制造企业，交易产品是旅游帽子。同时，每家企业要确定每位成员的分工，做到每人都有角色，使其"在其位、谋其政、尽其责"（参照组内分工表）。

（2）交易规则。

制造商的出货渠道有李玉收购店、赊销店和零售商。其中，李玉店从两家制造商每周最多收购2顶质量合格的旅游帽子，每顶100元；赊销店对制造商不限量收购，每顶110元，但有风险。需要提醒的是，制造商在使用"还钱转盘"时，可以用骰子来代替转盘上的指针。转盘上的5个格子以骰子上的1~5来表示，如果学生掷出6点，可以重新再掷一次，以此来决定制造商是否能够或什么时候收回货款，以及收回多少货款。零售商是制造商最大的出货渠道，交易条件（尤其是价格和数量）需要制造商和零售商谈判商定，如果没有谈成，下一周就不能交易。

（3）谈判规则。

谈判时间为每周五，当零售商公布终端市场需求信息后，制造商根据公布情况，调整下一周的经营计划，然后委派谈判代表到预先设定的谈判桌展开谈判。为了保证谈判的效率和效果，需要做到以下几点：①设定两张谈判桌，方便两组同时展开谈判；②每张谈判桌前，一对一谈判，不能同时出现3个人，不禁止制造商之间的谈判；③三家企业不能在同一张谈判桌集体谈判；④本着"询盘—发盘—承诺"的交易流程，谈判代表最多有两次机会回到本企业内汇报谈判结果，磋商谈判策略；⑤根据谈判进度和教学目的需要，适当延长或缩短谈判时间。

（4）企业每日活动安排。

星期一：各组从张纲批发店以每张40元的价格购买原材料，一手交钱，一手交货。

星期二：制造商生产旅游帽子。27日付房租100元。

星期三：制造商销售，零售商按照协议购买。

星期四：零售商销售，然后制造商收回货款。制造商第一周周四需要支付工具租赁费60元，零售商支付月度租金100元；最后一周还本付息。

星期五：各组制订调整下一周计划；零售商需要在第一周周五支付选址费和促销费（广告费周期为一周；其他促销费为一个经营周期）；零售商要在"供求指示图"上公布下一周的市场需求；开展业务洽谈。

星期六：每组各支付150货币单位的薪资，包括该月第一个和最后一个星期六。

星期天：休息（不能随意走动，并且保持安静）。

模拟经营一个月，在演练一个月的写有"今天"的粘贴片逐天移动。用口哨来控制每一天的长度（每天的长度不要求统一，可灵活控制）。游戏模拟的最后一天（30日），要求每个小组提交这个月的实际经营结果，包括"采购数量""销售额""利润"，并就结果企业内部深入分析研讨，推荐代表汇报企业月度经营总结，尤其关注关键成败因素，做好企业间分享。

（5）经营计划。

每家企业从银行领回存款 300 元。1 日制造商获得银行贷款最高不超过 300 元，零售商最多不超过 1200 元，月利率 25%。制造商的还款额为 375 元，而零售商的还款额为 1500 元。贷款必须在 29 日归还。29 日还本付息。

根据上述信息，每家企业集体讨论经营期经营计划，时间为 20~25 分钟，提交"销售数量""销售收入"和"利润额"。期间，辅导教师可以就游戏规则回答提问。

4. 讨论问题及点评参考

（1）销售。

①生产和销售与计划之间是如何产生差异的？

②哪组实现了 1000 元的盈利目标？实现这一目标容易吗？

③零售商是否每周都拿到了最好的价格？

④零售商在制定自己的战略之前，是否根据实际情况了解清楚了每一组制造商能够生产多少产品？

【点评参考】计划情况和实际情况的偏差是正常的，因为计划不如变化快。商业模拟面对的市场是波动的，不同的供求量，市场价格是不同的。做计划时，不可能得到准确不变的市场信息，只能根据谨慎原则做出企业月度经营计划。实际经营时，企业要根据变动的市场情况，本着"两利相权取其重、两弊相衡取其轻"的原则，灵活调整企业经营活动。

从结果来看，要实现 1000 元的盈利目标不是太容易的，零售商是三组中最可能实现这一目标。因为零售商同两家制造商做生意，最大成交量可以实现 44 顶旅游帽。

制定计划时，零售商不仅要考虑制造商的生产能力，而且要考虑终端市场的购买能力。首先，制造商的产能是过剩的。每家制造商第二周手上资金有 390 元，独立自主可以购买 9 顶原材料，两家企业一共 18 顶。终端市场单周最高需求量是 11 顶，李玉收购店可以 100 元的价格收货 4 顶，其他只能卖给有风险的赊销市场。其次，零售商要实现终端市场11顶的销售量，并且争取单价最高，前提是要选择主街经营、除了"打广告（110元）"不用，其他促销方式都应用上。这样就能争取最大的销量，伴以最优的价格。

（2）市场营销组合。

①是否有哪一个制造商试图影响市场营销组合？是如何影响的？

②零售商是否在市场营销组合方面进行了投资，以实现最高的销量？是如何投资的？

③零售商在做出决策之前是否考虑了各种不同的组合方案？都有哪些组合方案？

④零售商在地点和促销方面是否存在过度投资或投资不足的情况？

【点评参考】场景中，制造商是很难影响零售商的市场营销组合。但是，制造商之间如果在第一周结盟，提高价格或者控制销量，将迫使零售商让步。因为零售商如果按11顶公布市场需求，且用上了除"打广告"外的所有促销，手中现金就仅能维持第一周的工资，第二周要是和制造商没有交易，就会付不起工资，出现现金断流。

市场营销组合方面，有很多组合，比如"主街+促销""背街+促销"或"在家经营+促销"。要实现最高的销量，哪种组合都是可能的，但是，"在实现最高销量的前提下，如何实现单价最高"才是需要考虑的问题。如果零售商选择后续几周促销，由于促销费用分摊周次减少，可能出现投资效益下降，经营周期内投资越靠后，效益越低。需要特别说明的是，选择"打广告"的促销方式是不可取的，因为这种促销带来的最高收入是110元，而支出却是115元，如果把所有的促销方式都在第一周用上，将出现"投资过度"的情况，难以支付第一周工资。如果手中留下很多现金，未能实现"消费量"和"单价"的理想水平，则会投资不足，资金闲置。

（3）机会和合作。

①是否对市场有了充分理解，是否充分把握住了机会？

②各组之间进行了哪些有效的合作？

③哪些因素对各组的经营业绩影响最大？

④为什么一组制造商比另一组制造商赢利更多/亏损更大？

⑤零售商或制造商是否能够做得更好？

⑥谈判的障碍有哪些？

【点评参考】与商业伙伴建立良好的关系能够改善你的企业。与其他企业进行有效的沟通是经营企业十分重要的工作。商业伙伴之间的交易应当签订书面合同，如果一旦产生了纠纷，维护利益就有了法理依据。

每家制造商均有四次和零售商成交的机会；如果成交次数不够，一般来讲是双方没有秉持"合作共赢，利益均享"的原则。比较可行的做法是谈判时，双方应当算出各家企业的"收支盈亏点"，在这个前提下进行利多利少的争夺。

两家制造商是竞争关系，并不意味着没有合作，有效的合作不仅可以获得最大的利益，而且可以变被动为主动。比如，两家制造商事前可以达成战略协议，规定最低销售价格。两家制造商之所以出现利润差距，主要是因为他们成交的次数和成交的条件不尽相同。

一般而言，"有交易才有收益"。成交的次数越多，成交量越大，赢的概率就越大，尤其是对制造商而言。实际模拟中，谈不拢主要是因为价格。产品定价的常用方法是成本加成法，正确计算成本是产品定价的核心。这里的成本包括变动成本和固定成本。各家企业在经营中常常忽略的是固定成本，本次商业模拟涉及的固定成本有每周的薪金支出、银行利息支出和房租支出，这些支出必须分摊到销售的产品上。

（4）实现目标。

①哪一组为了实现目标而冒了资金方面的风险？这样做最终产生了什么样的结果？

②月底时，现金流量的余额是否够你付清所有债务？如果不够，这对你的企业经营业绩意味着什么？

【点评参考】企业适当的冒险是必要的，因为高风险意味着高收益。但是企业的经营绝不意味着"赌一把"式的冒险活动。即使冒险，不能"毕其功于一役",要理性分析成本和收益,尤其要考虑冒险成本是否是企业可承受之重。

实际经营时,财会人员应当跟踪每一笔交易,并根据"风险可控条件下利润最大化"原则,分析企业的经营业绩,提出资金配置的合理建议。

如果出现现金断流,支付不起每周的工资,或者在月底支付不了到期债务,企业就会出现资不抵债和被迫破产的情况。

主题4　商业游戏模块Ⅳ：应对多元化市场

1. 教学指导

【教学目的】

学生通过本主题的体验和学习，已经体验并实践了：

①市场营销（运用市场营销组合的四要素来赢得顾客）；

②采购（计划两种产品的采购数量、价格和付款条件）；

③存货管理（两种产品的原材料和成品管理）；

④成本核算（在两种产品之间的比较利润额）；

⑤记账；

⑥企业计划（为管理多元化企业制定整体战略）。

要说明各组应该在该月结束时实现1500元的盈利。为了实现这一目标，各组应该在开始该模块的游戏之前认真制订全月计划。各组制订的计划中包括要决定需要多少资金来经营自己的企业。

【教学教具】

黑白板/活页挂纸/彩色卡片/多媒体投影仪/创办和改善你的企业游戏模块教具。

【课时】

3小时左右。

【教学组织】（表11-7）

表11-7　教学组织4

时间	内容概述	授课方法和内容解释	视觉教具
	设立游戏场景	在开始讲课之前完成	准备游戏用的钉卡板和桌子

续表

时间	内容概述	授课方法和内容解释	视觉教具
20分钟	解释游戏模块四	讲授 解释模块四 详细介绍模块四与模块一、二、三的区别和联系 提供操作说明讲义和其他教具，将学员分成小组，回答问题	投影仪 白板 白板笔 卡片 活页挂纸 游戏组件 道具
30分钟	准备	准备角色扮演 给各小组一定的时间准备各种计划（现金流动计划、销售和成本计划、核算成本和价格）；允许与其他小组进行几分钟谈判 确定各组成员身份	企业周期表 记账表
80分钟	做游戏	角色扮演 玩模块四	游戏道具
10分钟	小组评估	练习 小组评估自己的表现并将实际数据填入现金流动计划以及销售和成本计划	无
40分钟	点评	讨论 回顾/点评游戏（教学目的和学习要点）； 讨论学习要点； 评价现金流动计划及销售和成本计划的完成情况。将某个小组的数据作为例子，与学员一起在投影仪上完成两个计划的实际结果。 给每个小组在游戏各个方面的表现打分； 了解学员对游戏和学习要点的看法	活页挂纸、投影仪、白板

2. 游戏场景：教具与角色

（1）原材料。

游戏当中用白纸作为生产产品的原材料。白纸的尺寸必须是 A6 纸，即标准 A4 纸的四分之一（约 5 厘米 ×14.5 厘米）。

制造商可以从张纲批发店购买到原材料，并用这些原材料制作标准帽，制造商可以通过销售它们来获取利润。

（2）标准帽。

样式简单的帽子。帽子的质量要求：

①帽子折起的帽檐为2厘米；

②帽子的直径为3厘米；

③帽子结实牢固，摔不坏；

④同一家企业生产的帽子要求规格一致，高低一致，胖瘦一致。

质量不合格的帽子作为残次品不能再使用，进入终端渠道时就地没收。

（3）旅游帽。

旅游帽制造步骤说明：

步骤一：将旅游帽帽样放在原材料上，画出旅游帽帽样；

步骤二：剪下原材料帽样；

步骤三：按照旅游帽帽样上的说明在原材料帽样上剪开一个口；

步骤四：将原材料帽样的底边折叠；

步骤五：卷起原材料帽样，将两侧对接成帽子形状；

步骤六：将细长的一端从另一端的开口中穿出（内穿），并将穿出的头部折回来，以保证帽子不松脱。

质量不合格的帽子将作为残次品不能再使用。

（4）剪刀（制造旅游帽的生产工具）。

企业可以通过利用更好的技术来改进生产并提高生产力，更好的技术有助于我们生产更多的产品并提高产品质量。但是，要获得技术就要进行投入。制造商小组需要租赁设备来生产旅游帽。这里的设备是一把剪刀和一张旅游帽帽样。这些设备在每月月初就得备好，还可以向每组出售额外的技术。（如设计个种模板）来增加游戏的花样。

（5）张纲批发店。

制造商小组从张纲批发店购买原材料。每张原材料的价格是40元。在这个月中，张纲还可以回购没有用过的原材料，每张的回购价格是20元。

（6）李玉收购店。

蓝、绿制造商向李玉收购店出售标准帽和旅游帽。每家制造企业销售的标准帽每周不超过 3 顶，每顶 80 元；每家制造企业销售的旅游帽帽每周不超过 2 顶，每顶 100 元。

（7）银行。

每家企业在银行都有储蓄账户，任何时间都可以从这里存钱和取钱。银行不付存款利息，各家企业在每个月的月初向银行贷款。这笔贷款应该在月底归还。从银行贷款要付利息，利率 25%。

（8）货币。

游戏当中有不同面值的货币可以使用。这些货币只是作为道具，并非实际货币。

（9）现金盒。

每个现金盒上面都有口袋，供各家企业配置和存放货币。

（10）赊销商（还钱期转盘）。

制造商可选择向赊销商销售帽子，每顶标准帽 90 元，每顶旅游帽 110 元。具体获得多少货款以及何时收回货款，由掷骰子得到的点数来决定。

（11）骰子。

在使用"还钱期转盘"时，可以用骰子来代替转盘上的指针。转盘上的 5 个格子可以骰子上的 1~5 点来代表，如果掷出 6 点，需要重新再掷一次。

（12）企业周期示意图。

在做游戏的过程中，企业周期示意图用于控制各组每天的活动。把示意图挂在墙上，在示意图上逐天移动"今天"粘贴片，来向各组表明目前是"哪一天"。此外，至少应该给每家企业发一张复印的企业周期示意图，用做日历和记账体系的基础。

（13）终端市场 1：零售商的销售市场（供给和需求图）。

游戏盒中的供给和需求指示图供零售商小组用来确定他们销售标准帽的单价。上面一行数字代表零售商计划销售的帽子数量。下面一行数字显示零售商销售每顶帽子的价格。

从游戏盒中的"模块 2 粘贴片包"里面取出长条形的价格条，把红色三角贴在价格条上你所处的那一周。当你把红色三角的箭头指向你要向市场出售的产品数量时，价格条上面的方框内会显示出每顶帽子的销售价格。把价格条左右"滑动"，看看数量和价格之间的关系：价格条上显示的价格越高，顾客购买的数量就越少；价格条上显示的价格越低，顾客购买的数量就越多。

另外，有一个场景是"该镇的其他居民发薪水日是17日，即第三周的星期六"。这意味着该镇居民钱最多的是第四周，其次是第五周，再次是第二周，市场上对帽子的需求较多。而在发薪日所在的第三周钱所剩无几，市场上对帽子的需求量最低。

（14）终端市场2：零售商的销售市场。

标准帽子，根据供求关系确定不同的"销售数量与价格"；旅游帽子，根据4P（product，price，place，promotion）营销组合关系确定"销售数量与价格"。

（15）组合记账表。

在这个月中，学生利用企业周期示意图来记录他们的生产、销售和各种成本及费用支出。到了月底，当游戏结束时，各组应该用本手册后面所附的组合记账表来计算自己小组的盈亏。

（16）计时器（可用口哨代替）。

计时器（钟表或者沙漏）是用来控制"每日"的时限和各项具体活动的时限，目的是为了鼓励各组有效地做出决策。一般情况下，"每日"为1~3分钟，教师可以根据具体情况适当调整。

（17）商业经营计划和实际绩效对比表。

用来对比各个小组在一个月的游戏前制定的计划和实际游戏结果的差异，从而寻找各小组存在的相应问题。教师参考表11-8利用活页挂纸制作对比表。

表 11-8　计划和实际结果对照表

组别	计划			实际		
	采购数量	销售额	利润	采购数量	销售额	利润
红组						
蓝组						
绿组						

3. 游戏模拟

（1）团队分工。

将学生分成三个团队：红组、蓝组和绿组。红组是零售商，蓝组、绿组是制造企业，交易产品是标准帽子和旅游帽子。同时，每家企业要确定每位成员的分工，做到每人都有角色，使其"在其位、谋其政、尽其责"。

（2）交易规则。

制造商的出货渠道有李玉收购店、赊销店和零售商。其中，李玉店从两家制造商每周最多收购 3 顶质量合格的标准帽子和 2 顶质量合格的旅游帽，每顶标准帽 80 元，每顶旅游帽 100 元；赊销店对制造商不限量收购标准帽和旅游帽，每顶标准帽 90 元，每顶旅游帽 110 元，但有风险。需要提醒的是，制造商在使用"还钱转盘"时，可以用骰子来代替转盘上的指针。转盘上的 5 个格子可以骰子上的 1~5 来代表，如果掷出 6 点，需要重新再掷一次，以此来决定制造商是否能够或什么时候收回货款，以及收回多少货款。零售商是制造商最大的出货渠道，交易条件（尤其是价格和数量）需要制造商和零售商谈判商定。如果没有谈成，那么下一周就不能交易。

（3）谈判规则。

谈判时间为每周五，当零售商公布终端市场需求信息后，制造商根据公布情况，调整下一周的经营计划，然后委派谈判代表到预先设定的谈判桌展开谈判。为了保证谈判的效率和效果，需要做到以下五点：①设定两张谈判桌，方便两组同时展开谈判；②每张谈判桌前，一对一谈判，不能同时出现3个人，不禁止制造商之间的谈判；③三家企业不能在同一张谈判桌集体谈判；④本着"询盘—发盘—承诺"的交易流程，谈判代表最多有两次机会回到本企业内汇报谈判结果，磋商谈判策略；⑤根据谈判进度和教学目的需要，适当延长或缩短谈判时间。

（4）企业每日活动安排。

星期一：各组从张纲批发店以每张40元的价格购买原材料，一手交钱，一手交货。

星期二：制造商生产标准帽子和旅游帽子。27日付房租100元。

星期三：制造商销售，零售商按照协议购买。

星期四：零售商销售，然后制造商收回货款。制造商第一周周四需要支付工具租赁费60元，零售商支付租金100元；最后一周还本付息。

星期五：各组制订调整下一周计划；零售商需要在第一周周五支付选址费和促销费（广告费周期为一周；其他促销费为一个经营周期）；零售商要在"供求指示图"上公布下一周的标准帽子和旅游帽的市场需求量；开展业务洽谈。

星期六：每组各支付150货币单位的薪资，包括该月第一个和最后一个星期六。

星期天：休息（不能随意走动，并且保持安静）。

模拟经营一个月，在演练一个月的写有"今天"的粘贴片逐天移动。用口哨来控制每一天的长度（每天的长度不要求统一，可灵活控制）。游戏模拟的最后一天（30日），要求每个小组提交这个月的实际经营结果，包括"采购数量""销售额""利润"，并就结果企业内部深入分析研讨，推荐代表汇报企业月度经营总结，尤其关注关键成败因素，做好企业间分享。

（5）经营计划。

每家企业从银行领回存款300元，贷款额不超过1200元，月利率25%。每周六支付150薪水。零售商在第一天支付100元房租，制造商在27日支付房租100元，制造商在第一天支付工具租赁费60元。

每家企业集体讨论经营期经营计划，时间为 20~25 分钟，提交"销售数量""销售收入"和"利润额"。在此期间，辅导教师可以就游戏规则回答提问。

4. 讨论问题及点评参考

（1）生产、销售和利润。
①生产和销售与计划之间是如何产生差异的？
②哪组实现了 1500 元的盈利目标？实现这一目标容易吗？
③在确定产品范围是多元化还是专一化时考虑了哪些因素？
④两种产品是否都能赢利？

【点评参考】计划情况和实际情况的偏差是正常的，因为计划不如变化快。本次商业模拟面对的市场是波动的，不同的供求量，市场价格是不同的。做计划时，不可能得到准确不变的市场信息，只能根据谨慎原则做出企业月度经营计划；实际经营时，企业要根据变动的市场情况，本着"两利相权取其重、两弊相衡取其轻"的原则灵活调整企业经营活动。

从结果来看，要实现 1500 元的赢利目标不是太容易，零售商是三组中最可能实现这一目标，因为零售商同两家制造商做生意，最大成交量可以实现 44 顶旅游帽再加上 68 顶标准帽。

"两种产品，两个市场"。本场景中，如果制造商贷款到最高限 1500 元，理性的选择是同时生产标准帽子和旅游帽子，多元化比专一化好，否则意味着资金闲置，市场需求没能得到有效满足，只要销售价格高于每顶帽子的平均成本变动成本——40 元和平均固定成本（销售量越多，平均固定成本就越低）。

（2）市场营销组合。
①制造商是如何影响市场营销组合的？
②制造商为了实现更好的销量，在市场营销组合的哪些方面进行了投资？

③零售商在地点和促销方面存在多大程度的过度投资或投资不足？

【点评参考】游戏场景中，制造商是很难影响零售商的市场营销组合。但是，制造商之间如果在第一周形成结盟，提高价格或者控制销量，将迫使零售商让步。因为零售商如果按11顶公布市场需求，且用上了除"打广告"外的促销，手中现金就仅能维持第一周的工资。如果第二周要是和制造商没有成交，就会付不起工资，出现现金断流。

市场营销组合方面。组合有很多，比如"主街+促销""背街+促销"或"在家经营+促销"，要实现最高的销量，哪种组合都是可以实现的，但问题是"实现最高销量的前提下，如何实现单价最高"才是需要考虑的问题。如果零售商选择后续几周促销，由于促销费用分摊周次减少，可能出现投资效益下降。在经营周期内，投资越靠后，效益越低。需要特别说明的是，选择"打广告"作为促销方式是不可取的，因为这种促销带来的最高收益是110元，而支出却是115元，如果把所有的促销方式都在第一周用上，将出现"投资过度"的情况，难以支付第一周工资。如果手中留下很多现金，未能实现"消费量"和"单价"的理想水平，则会导致投资不足、资金闲置的情况。

（3）机会和合作。

①各组为应付意外情况做了多少准备？

②在各组之间进行了哪些有效的合作？

③哪些因素对各组的经营业绩影响最大？

④零售商是否充分利用了第四周市场需求大的潜在优势？

⑤零售商或制造商是否能够做得更好？

【点评参考】对制造商而言，有3家出货渠道，分别是李玉收购店、赊销店和零售商。如果不能和零售商以比较合理的价格和数量达成交易，那么制造商就暂时可以不借助赊销店。如果最后一周（第五周）不能成交，在保证还本付息的条件下，制造商则可以选择销售给赊销市场。因为预期收益率在第五周最高，即40%的概率收回全部货款，40%的概率收回一半货款，20%的概率销账。

对零售商而言，保证第一轮成交是至关重要的，即使制造商在第一轮达成了同盟协议，零售商也要学会运用手里的糖衣炮弹（手中闲置的资金放贷）破解对自己的不利局面，具体做法就是只保证和一家成交，施以最大的让步，只要有毛利保证第二周生存下来就可以，这是底线。

与商业伙伴建立良好的关系能够改善你的企业。与其他企业进行有效的沟通是经营企业十分重要的工作。商业伙伴之间的交易应当签订书面合同，如果产生了纠纷，那么维护利益就有了法理依据。

每家制造商均有4次和零售商成交的机会；如果成交次数不够，一般来讲是双方没有秉持"合作共赢，利益均享"的原则，而是意气用事，跟钱过不去。比较可行的做法是谈判时，双方应当算出各家企业的"收支盈亏点"，在这个前提下进行利多利少的争夺。

两家制造商是竞争关系，并不意味着没有合作。有效的合作不仅可以获得最大的利益，而且可以变被动为主动。比如，两家制造商事前可以达成战略协议，规定最低的销售价格。两家制造商之所以出现利润差距，主要是因为他们成交的次数和成交的条件不尽相同。

一般而言，"有交易才有收益"。成交的次数越多，成交量越大，赢的概率就越大，尤其是对制造商而言。实际模拟中，谈不拢主要是因为价格分歧。产品定价的常用方法是成本加成法，正确计算成本是产品定价的核心。这里的成本包括变动成本和固定成本。各家企业在经营中常常忽略的是固定成本，本次商业模拟涉及的固定成本有每周的薪金支出、银行利息支出和房租支出，这些支出必须分摊到销售的产品上。

（4）沟通。

①每组内部各个不同生产"部门"之间的沟通顺畅吗？

②在企业拥有两条生产线的情况下，生产过程进行得顺利吗？

③应该如何管理一家多元化的企业？良好的领导能力、效率和有工作目标意味着什么？

【点评参考】经营一家企业，首先要做的就是根据企业类型做好团队分工，按照"适材适所"的原则，力求每位成员"在其位，谋其政，尽其责"。商业模拟中,除 CEO 外,其他关键的角色有生产、质检、采购、销售、财会、谈判。比如,生产和质检可以由多人担当,但必须保证产品的质量,质量不合格率高,只能说明生产和质检人员履职不到位;同样,采购或销售人员不仅要根据企业计划圆满完成采购或销售任务,还应当注意收集竞争对手的必要信息,供企业决策参考;谈判时,应当本着"适度妥协"和"共赢"原则来进行。

多元化的企业需要良好的沟通机制,保证信息上通下达,同时必须有合理的分工,保证专业的人做专业的事,不能有的人忙得要死,有的人无所事事、闲得要命。其中,最为重要的是"首席行政官、财务官和市场谈判人员及市场销售人员必须熟悉市场规则,及时做到信息畅通和信息共享"。

参考文献

[1] 埃里克·莱斯. 精益创业：新创企业的成长思维 [M]. 吴彤, 译. 北京：中信出版社, 2012.

[2]. 布鲁斯·巴林格, 杜安·爱尔兰. 创业管理：成功创建新企业 [M]. 张玉利, 等译. 北京：机械工业出版社, 2006.

[3]. 布鲁斯 R. 巴林杰. 创业计划：从创意到执行方案 [M]. 陈忠卫, 等译. 北京：机械工业出版社, 2006.

[4] 布莱恩·阿瑟. 技术的本质：技术是什么, 它是如何进化的 [M]. 曹东溟, 王健, 译. 浙江：浙江人民出版社, 2018.

[5]. 彼得·德鲁克. 创新与创业精神 [M]. 张炜, 译. 上海：上海人民出版社, 2002年.

[6] 彼得·蒂尔, 布莱克·马斯特斯. 从0到1：开启商业与未来的秘密 [M]. 高玉芳, 译. 北京：中信出版股份有限公司, 2015.

[7]. 格雷戈里·迪斯, 杰德·埃默森, 彼得·伊科诺米. 企业型非营利组织 [M]. 颜德治, 徐启智, 等译. 北京：北京大学出版社, 2008.

[8]. 共青团中央, 中华全国青年联合会, 国际劳工组织. 大学生 KAB 创业基础 [M]. 北京：高等教育出版社, 2007..

[9]. 杰弗里·蒂蒙斯, 小斯蒂芬·斯皮内利. 创业学 [M]. 周伟民, 吕长春, 等译. 北京：人民邮电出版社, 2005.

[10]. 杰夫·戴尔, 赫尔·葛瑞格森, 克莱顿·克里斯坦森. 创新者的基因 [M]. 曾佳宁, 译. 北京：中信出版社, 2013.

[11]. 克莱顿·克里斯坦森. 创新者的困境 [M]. 胡建桥, 译. 北京：中信出版社, 2010.

[12]. 拉里·基利，瑞安·派克尔，布赖恩·奎因，海伦·沃尔特斯. 创新十型[M]. 余锋，宋志慧，译. 北京：机械工业出版社，2014.

[13]. 李时椿，常建坤. 创业与创新管理：过程·实践·技能[M]. 南京：南京大学出版社，2008.

[14]. 刘帆. 大学生KAB创业精讲[M].. 北京：机械工业出版社，2013.

[15]. 史蒂夫·布兰克. 四步创业发[M]. 七印部落，译. 湖北：华中科技大学出版社，2012.

[16]. 史蒂夫·布兰克，鲍勃·多夫. 创业者手册：教你如何构建伟大的企业[M]. 新华都商学院译，北京：机械工业出版社，2013.

[17]. 斯图尔特·瑞德，萨阿斯·萨阿斯瓦斯，尼克·德鲁等. 卓有成效的创业[M]. 新华都商学院，译. 北京：北京师范大学出版社，2015.

[18]. 亚历山大·奥斯特瓦德，伊夫·皮尼厄. 商业模式新生代[M]. 黄涛，郁婧，译. 北京：机械工业出版社，2016.

[19]. 亚瑟 C. 布鲁克斯. 社会创业——创造社会价值的现代方法[M]. 李华晶，译. 北京：机械工业出版社，2009.

[20]. 张玉利，薛红志，陈寒松. 创业管理[M]. 北京：机械工业出版社，2013.